AF346509

MANUEL,

OU

NOUVEAU GUIDE

DU

PROMENEUR AUX TUILERIES.

Les exemplaires de droit ont été déposés à la Bibliothèque impériale. Tous contrefacteurs, distributeurs et débitants de contrefaçon, seront poursuivis, au terme et dans toute la rigueur des lois, devant les Tribunaux.

MANUEL;

OU

NOUVEAU GUIDE

DU

PROMENEUR AUX TUILERIES,

Contenant la description de ce Palais, et celles de toutes les Statues qui embellissent le Jardin.

NOUVELLE ÉDITION,

Ornée de 78 gravures représentant les Marbres et Bronzes qui y sont réunis.

Par PHILIPPON-LA-MADELAINE.

PRIX : 2 *francs* 5o *cent. broché.*

A PARIS,

Chez DELAUNAY, Libraire, Palais-Royal, Galeries de Bois, N°. 243, côté du Jardin.

1806.

AVERTISSEMENT

NÉCESSAIRE.

PENDANT l'impression de cet Ouvrage, quelques Statues du Jardin des Tuileries ont subi des déplacemens dont il est à propos d'avertir le Lecteur.

1. Le piédestal que l'on croyait destiné à Pompée, (page 60) n'a pas été orné de la figure de ce grand capitaine.

2. A sa place on a élevé la Statue de Flora ou Glycère, décrite à la page 65.

3. L'Hercule qui terminait, du côté de l'Orangerie, l'allée des Feuillans, et sur lequel la page 157 offre quelques détails, se voit à présent près l'allée qui borde la rivière, sur la base qu'occupait Flora ou Glycère.

4. La Statue de J. J. Rousseau qui embellissait l'extrémité de la terrasse de l'eau,

et dont il est parlé dans ce Recueil à la page 212, a été retirée du jardin, afin de prolonger cette belle terrasse jusqu'à la place de la Concorde. Peut-être que la plantation de cette allée étant finie, la Statue de l'immortel auteur d'Emile y sera rétablie en marbre, au lieu de n'être, comme auparavant, qu'en terre cuite.

Tels sont les déplacemens qu'ont éprouvés deux ou trois Statues. Ils sont peu importans. Cet avertissement est plus que suffisant pour prévenir le Lecteur, qui en trouvera les descriptions aux endroits ci-dessus indiqués.

MANUEL,

OU

NOUVEAU GUIDE

DU PROMENEUR

AUX TUILERIES.

BEAUCOUP de villes sont mieux situées que Paris ; il n'en est point qui offrent de plus grandes beautés. Sans parler de la superbe colonade du Louvre, est-il une cité qui présente au voyageur surpris, rien de si imposant tout à-la-fois et de si aimable, que les Tuileries.

Je vais en essayer la description. La promenade prendra un intérêt

A

plus vif, quand on la fera le livre à la main.

Peut-être en résultera-t-il pour un père, une mère, un instituteur adroit, des moyens de donner aux enfants des leçons d'histoire, de morale même et de vertu, en ne paraissant que les amuser.

Cette idée m'encourage ; tâchons de n'omettre aucun des objets capables d'exciter la curiosité, ni aucun des détails propres à la satisfaire.

———————

ATHÈNES eut un jardin public que l'on nommait *Céramique*. Il devait son nom à une fabrique de tuiles qu'il avait remplacée.

Nos Tuileries tiennent leur dénomination d'un semblable établissement ; oui, des fours, des ateliers, des séchoirs de tuiles, couvraient ce terrain où l'œil, dans un beau jour de printemps, se partage entre les filles de Flore et les rivales des Grâces.

Cependant, quelques maisons importantes avaient été bâties sur le vaste emplacement qui sépare la Seine de la Butte-St.-Roch. Le président Hénault rapporte que la Duchesse d'Angoulême, mère de François 1er., ne voulant plus respirer l'air mal-sain du palais des Tournelles, au Marais, engagea son fils à lui acheter la maison de Nicolas de Neuville, secrétaire des finances et audiencier de France.

Ce fut sur les ruines de cet hôtel, que la trop célèbre Catherine de Médicis (1) fit construire le château des Tuileries. Il fut commencé en 1564,

***

(1) Fille unique de Laurent de Médicis, duc d'Urbin et nièce du Pape Clément VII, elle naquit à Florence en 1519, épousa en 1533 Henri II, et mourut en 1589.

sur les dessins de Philibert Delorme(1) et de Jean Bullan.

Il ne consista d'abord que dans le gros pavillon du milieu, les deux corps de logis qui l'accompagnent, et les deux bâtiments qui les suivent.

Henry IV y fit travailler. Mais il s'occupa encore plus de la belle galerie du Louvre, élevée sur les plans de Ducerceau.

Ce fut Louis XIII et sur‑tout Louis XIV qui achevèrent de bâtir les Tuileries. Ils joignirent de chaque côté, aux bâtiments qui existaient déjà, un corps de logis appuyé sur deux nouveaux pavillons que l'on nomme, l'un du Nord, et l'autre de Flore : celui‑ci est en face de la terrasse de l'eau.

Louis Leveau et François Dorbay,

____

(1) Cet architecte distingué était né à Lyon. Il mourut à Paris en 1577.

(5)

son élève, sont les architectes que l'on y employa en 1654.

Ainsi, le palais est à présent composé de trois pavillons et de quatre corps de logis, dont deux ont chacun, sur le jardin, une terrasse décorée de vases et de bustes de marbre.

Du côté de la place, ce superbe édifice était fermé par des murs sans ornements, dont j'ai encore vu les portes de bois s'ouvrir sur trois ou quatre cours embarrassées d'un amas de petits logemens, que la faiblesse ou l'avidité des gouverneurs avait laissé construire. Le carrousel même était singulièrement rétréci par des maisons qui n'avaient ni grâce ni alignement : de façon que l'étranger cherchait encore les Tuileries, lorsqu'il était déjà dans leur enceinte.

Mais graces aux soins d'un génie bienfaisant, la cour des Tuileries et la place qui les précède, sont dignes enfin de ce palais, dont les dimensions et la beauté annoncent la grandeur du peuple qui en a fait la demeure du souverain d'un grand empire.

C'est dans la cour des Tuileries qu'il passe en revue les différents corps qui composent la garde impériale.

Une grille, dont les barreaux se terminent en fers de lances, ferme la cour dans toute sa longueur.

L'entrée principale a trois portes, dont tous les ornements sont dorés d'or moulu. Les jambages ou soutiens forment quatre faisceaux de lances, du milieu desquels s'élève un de ces bâtons vexillaires, qui, chez les Romains, portaient l'aigle éployé, leur enseigne favorite.

Ici les bâtons offrent d'abord, comme les leurs, cette couronne de chêne ou civique, la plus précieuse de toutes, puisqu'elle était le partage de celui qui avait la sauvé la vie à un citoyen.

Plus haut sont les deux lettres R. F. qui signifient République Française, comme S. P. Q. R. désignaient le sénat et le peuple romain : *Senatus, Populusque Romanus.*

Enfin, paraît le coq, ayant également les aîles déployées et portant la foudre.

Il est pour nous, ce que l'aigle était pour Rome. Son nom latin *gallus*, est le même que le nom latin de l'habitant des Gaules; et si ce fier oiseau n'est que le rival de l'aigle en courage, il le surpasse en vigilance.

Les deux autres entrées de la cour des Tuileries, sont ornées des quatre chevaux de bronze, qui décoraient le palais de St.-Marc, à Venise.

On les croit d'airain de Corinthe; c'est-à-dire de ce mélange unique d'or, d'argent, de cuivre, etc. que l'on trouva, dit Florus, dans les ruines de Corinthe, après que le général romain (1) Mummius eût livré aux flammes, cette ville que le commerce avait rendue si florissante, et qui, par sa situation, commandait à deux mers (2).

D'autres pensent que ces chevaux avaient été simplement fondus à Corinthe (3), où ils étaient attelés au

---

(1) L'an 146 avant Jésus-Christ.

(2) Déjà, pour satisfaire à votre juste crainte,

J'ai couru les deux mers que sépare Corinthe.

RACINE. *Phèdre.*

(3) « On estime certains ouvrages en bronze et en terre cuite qu'on fabrique en cette ville. Elle ne possède point de mines de cuivre. Ses ouvriers, en mêlant celui qu'ils tirent de l'étranger, avec une petite quantité d'or et d'argent, en composent un métal brillant et presque inaccessible à la rouille ».

Voyage d'Anacharsis. Liv. 37.

char du soleil ; que Mummius les fit transporter à Rome pour orner son triomphe ; que Constantin les destina ensuite à embellir Bysance , sa ville de prédilection ; qu'enfin les guerres du Bas-Empire en avaient enrichi Vénise , d'où la victoire les a fait passer sur les bords de la Seine.

Le pavillon du milieu des Tuileries, est orné du côté de la cour , de colonnes de beau marbre brun et rouge.

Deux cadrans se font remarquer à la coupole. L'un est calculé d'après la division du jour en dix heures ; l'autre est distribué selon la manière ordinaire ; les mêmes rouages en font mouvoir les aiguilles , et tous les deux ne forment qu'une seule et même horloge. Elle est du célèbre Lepaute.

Des bustes de marbre sont placés entre les croisées des deux corps de logis qui joignent le pavillon, ils représentent des empereurs et des généraux romains.

A côté de la porte qui sert de passage au jardin, on voit deux petites
statues de marbre. Celle qui est à
droite, offre un berger jouant de la
flûte. Celle de la gauche est un
Apolline : nom que l'on a donné à
ces statues d'Apollon enfant ou adolescent, dont le modèle est dans la
galerie de Florence.

Enfin, et pour ne rien omettre, la
coupole est surchargée d'une construction carrée, à laquelle s'est adapté
pendant quelque temps, un télégraphe
dont l'idée était plus que bizarre. On
l'a fait disparaître. Pourquoi ne ferait-on pas disparaître aussi le lourd
bâtiment qui lui était destiné? Pourquoi ne donnerait-on pas au pavillon
du centre, un couronnement plus
digne de l'édifice?

Le vestibule est garni, plutôt
qu'embelli, de trois statues qui ne

disent rien. A droite est un homme nud, avec un bonnet d'affranchi ; à gauche, une espèce d'homme des champs ; sur la gauche encore, en face de l'escalier, une Minerve portant un collier de serpents.

La Fable en effet raconte que Méduse, fille de Phorcus, fière de sa belle chevelure, céda aux vœux de Neptune, dans le temple même de Minerve. Celle-ci, dans sa colère, changea en couleuvres les cheveux de celle qui avait profané son sanctuaire, et rendit sa tête si effrayante, qu'on était pétrifié en la regardant.

Dans le jardin du Luxembourg, se voit une statue presque semblable. toute la différence est, que la Minerve du Luxembourg tient sur sa main, une chouette, oiseau de nuit, consacré à la déesse des arts et des sciences, qui ne peuvent s'acquérir qu'à force de veilles.

Minerve était fille de Jupiter. Un

grand mal de tête le tourmentait, il se la fit ouvrir d'un coup de marteau, par son fils Vulcain; Minerve en sortit toute armée. D'où pouvait naître en effet la déesse de la sagesse, si ce n'est du cerveau du maître des Dieux?

Minerve armée, le casque en tête et la lance à la main, porte aussi le nom de Pallas (1). La chouette est son oiseau, j'ai dit le pourquoi; l'olivier est son arbre, en voici la raison.

Athènes venait d'être bâtie par Cécrops. Pour donner un nom à la ville nouvelle, il s'adressa aux dieux comme on s'adresse à des protecteurs distingués pour nommer un enfant. Minerve et Neptune se disputèrent

____

(1) Ce nom lui fut donné, sans doute à cause de son combat avec *Pallas*, un de ces Titans qui voulurent escalader le ciel. Minerve le tua, et pendant long-temps, elle porta la peau de ce géant, comme un monument de sa victoire.

cet

cet honneur; l'Olympe décida que celui qui ferait aux hommes le plus beau présent, aurait le mérite de ce *parrainage*. Neptune alors frappa la terre de son trident; il en sortit ce superbe animal qui embellit nos cités et défriche nos campagnes, nous rend plus agréables les plaisirs de la chasse, et moins dangereux le hasard des combats; nous sert enfin de toutes ses forces, et meurt souvent pour nous mieux obéir (1).

Minerve, d'un coup de sa lance, fit naître l'olivier, dont l'huile fait les délices de nos tables, et dont les rameaux sont le gage inestimable de la paix.

Les Dieux prononcèrent en sa faveur; la ville porta le nom de Minerve, qui en grec est appellée *Athéné*.

____

(1) Voyez la belle description que nous en a laissée le Pline français.

Vis-à-vis de la Minerve du vestibule des Tuileries, est le grand escalier qui conduit à droite dans les salles du Conseil d'état, à gauche dans les appartements de l'Empereur. Avant d'entrer dans le jardin, on apperçoit sur les côtés, deux portiques ou galeries couvertes, dont les arceaux ont pour ornements dix-huit statues en pied, de marbre blanc, représentant des sénateurs romains. (*Fig.* 1.) Elles sont antiques, et quoique la faulx du temps ait déjà beaucoup nui au ciseau du sculpteur, on admire encore l'attitude et la draperie de plusieurs de ces figures (1). On voit de même, avec plaisir, les deux lions de marbre blanc. (*Fig.* 2.) Pla-

____

(1) Elles sont du nombre de celles que les antiquaires appellent *togatæ* , *palliatæ* , à cause de la toge ou du manteau qui les couvre.

cés aux deux côtés des marches par lesquelles on descend au jardin. Ils ont le pied sur une boule, comme pour annoncer que le roi des animaux serait celui de la terre, si l'homme ne lui en avait ravi la souveraineté.

TERRASSE DU PALAIS.

On n'arrive pas sur cette terrasse, sans être frappé de la beauté des objets qui se présentent : c'est un coup-d'œil ravissant. La vue qui se prolonge entre la grande allée des Tuileries et les arbres qui bordent la route des Champs-Elisées, ne s'arrête qu'à la grille de Neuilly.

Elle aurait dû s'étendre jusqu'à Neuilly même, jusqu'à ce superbe pont qui fut fini en 1772, et dont la construction simple et noble, immortalisera Perronnet, son auteur.

Sa longeur est de sept cent cinquante pieds. Des arches de la plus légère courbure, le soutiennent de manière qu'il est par-tout de niveau avec le chemin qui vient y aboutir. Il fut aligné sur l'allée principale des Tuileries, d'où l'on devait s'y rendre sans rencontrer la moindre élevation. Des excavations considérables avaient déjà été entreprises dans ce dessein : l'énormité de la dépense n'a pas permis de les continuer.

Le pont de Neuilly eût alors formé l'extrémité d'un beau parc à l'anglaise, dont le jardin des Tuileries eût été le commencement.

Ce jardin est l'ouvrage du célèbre André Lenôtre, qui jouit parmi nous d'une réputation aussi grande et pour le moins aussi bien méritée que celle de Kent en Angleterre.

Né en 1615 à Paris, où il mourut en 1700. Lenôtre eut pour père, l'intendant de ce même jardin, qui est

devenu, par les soins et l'intelli-
gence du fils, le modèle des promenades d'une grande ville, où la
simétrie et les allées droites sem-
blent être commandées par la desti-
nation même.

A ce beau lieu, se rapporte l'ar-
riette que nos arrière-grand-mères
demandaient à celles de leurs filles,
dont elles voulaient faire briller la
voix. *Allons, ma fille, redressez-
vous et chantez :* JARDINS.

Jardins que la nature et l'art ont embellis,
   Séjour digne de Flore même !
De me plaire si peu ne soyez pas surpris.
   Lieux charmants ! apprenez que j'aime,
Et que vous n'offrez pas à mes yeux mon Iris.

Il est inconcevable que dans un ter-
rein qui n'a que soixante-sept arpents,
Lenôtre ait pû faire des dispositions
si variées, si ingénieuses, et tellement en harmonie entr'elles, que la
censure ne trouve rien à reprendre

soit dans l'ensemble, soit dans les détails.

La terrase, d'où l'œil aime à jouir de cette belle composition, est ornée de bancs de marbre blanc, de statues et de vases de la même matière. En été, ils sont entremêlés d'orangers et de lauriers-roses. Mais ce sont les statues qui doivent nous occuper. Je prie donc l'étranger que je promène, et dont je suis le *Cicéroné* (1), de me suivre sur cette même terrasse à droite, près du pavillon de la Liberté ou du Nord.

____

(1) C'est le nom que l'on donne en Italie, à celui qui montre, détaille, explique à un étranger les curiosités du pays. « Je par-
» courais tous ces lieux avec le meilleur
» guide, le *Cicéroné* le plus instruit que je
» pusse trouver dans Naples, M. Hamilton,
» ambassadeur d'Angleterre, etc. »
DUCLOS. *Voyages d'Italie.*

LE JOUEUR DE FLUTE (*fig*. 3).

La première statue qui se présente à nous, est celle d'un berger assis jouant de la flûte. Sur ses genoux est une peau de mouton ; à son côté pend une panetière ; un chalumeau est à ses pieds ; derrière lui on voit un petit faune, qui d'une main s'appuie sur le bâton (1) du pasteur, et de l'autre, semble demander l'attention et commander le silence, en portant le doigt sur sa bouche.

L'invention du chalumeau champêtre est due à Pan, dieu des bergers. Il poursuivait Syrinx, nymphe d'Ar-

---

(1) Ce bâton pastoral est nommé *Pedum*. Il est recourbé par le bout sur lequel s'appuie la main. L'église catholique a formé sur ce modèle , la crosse des évêques qui sont les pasteurs des âmes.

radie, de laquelle il était épris. Elle fuyait, et pour se dérober à ses empressements, elle implora le secours du fleuve Ladon, son père. Il l'exauça. Elle fut changée en roseau; Pan s'en saisit; le divisa en sept tuyaux de grandeur inégale; les réunit sur une même ligne, et forma ainsi le chalumeau.

Les faunes sont des divinités champêtres : les Grecs ne les connurent pas.

Les Romains, qui les honoraient, leur donnèrent des jambes et des pieds de bouc, quelquefois des cornes et de grandes oreilles.

On les confond souvent avec les satyres et les sylvains, autres divinités des forêts.

La statue que nous examinons, est d'Antoine Coysevox, originaire d'Espagne, né à Lyon en 1640, mort à Paris en 1720. Il joignit l'extrême modestie à de rares talents; elle fai-

.sait aimer l'homme, quand ceux-ci faisaient admirer l'artiste.

UNE HAMADRYADE (*fig.* 4).

A peu de distance du joueur de flûte, en avançant vers la rivière, paraît assise encore, une nymphe des bois, s'appuyant de la main droite sur une branche du tronc d'arbre qui lui sert de siége.

Elle est aussi de Coysevox, qui a placé derrière elle un enfant tenant un oiseau, dont la mort paraît l'affliger.

Les nymphes des bois se divisaient en dryades et en hamadryades.

La reine, femme de Louis xv, demandait un jour à un évêque, quelle était la différence entre ces deux divinités rustiques. La même,

répondit le prélat, qu'entre **un évê-**
que et un archevêque.

Il se trompait. Leurs noms viennent également du mot *drys*, qui
en grec signifie chêne. Mais la
dryade n'habitait pas tellement l'arbre qui lui était consacré, qu'elle
ne pût s'en éloigner pour courir et
danser dans le bois, et même pour
passer dans un autre arbre, lorsque
celui de sa première demeure venait
à dépérir.

Au contraire, l'hamadryade était
inséparable du sien. Elle végétait et
mourait avec lui

La preuve qu'il est ici question
d'une hamadryade, ce sont d'abord
ses pieds engagés dans des écorces
d'arbre qui lui servent de chaussure ;
c'est sur-tout ce lierre dont est en-
touré le tronc du chêne qui la soutient : car le lierre meurt avec l'arbre
qui lui sert d'apui.

Je trouve les anciens bien sages ,

d'avoir donné ainsi des divinités aux arbres ; c'était engager l'habitant des campagnes à ne pas les couper ; c'était assurer leur conservation, en l'attachant à des sentiments religieux: ce moyen-là vaut bien nos gardes-forestiers.

UNE STATUE DE FLORE (*fig.* 5).

C'est encore au ciseau poétique de l'aimable Coysevox, que nous devons cette statue de Flore.

Si l'on en croit Ovide, la déesse des fleurs s'appela d'abord Chloris. Zéphir vit cette nymphe, il en devint amoureux ; il l'épousa, et lui donna l'empire des fleurs : ce qui la fit révérer comme la déesse du printemps, et lui mérita le nom de Flore, sous lequel on l'honora.

Ses fêtes se nommaient *Floréales*, duraient dix jours, et finissaient avec le mois d'avril. Les jeux champêtres furent le premier culte que lui rendirent les femmes attachées à ses autels : c'était le plus souvent des courses ; et la couronne de roses était le prix de la plus agile.

Il faut convenir cependant que ces fêtes dégénérèrent de leur première simplicité, et devinrent enfin des orgies, où les mœurs furent absolument oubliées.

Clémence Isaure institua en France, dans la ville de Toulouse, en 1300, des jeux floraux d'un autre genre. Ce sont des luttes poétiques, des combats d'esprit, où ceux qui ont fait les meilleures pièces de vers, reçoivent une églantine d'or, une violette d'or ou un souci de même métal. Ces jeux subsistent encore ; et la distribution des prix se fait le 3 de mai.

Flore est ici représentée assise, déployant une guirlande de fleurs. Un enfant placé près d'elle, en tient une

couronne

couronne qu'il va lui présenter. Ses aîles de papillon annoncent le printemps et ne caractérisent que trop l'amour.

NYMPHES DE DIANE. (*fig.* 7 *et* 8.)

Les deux statues que l'on rencontre, en marchant toujours vers la rivière, offrent deux chasseresses ou nymphes de Diane, toutes les deux assises. L'auteur de la vie de Coustou dit que ce sont des retours de chasse.

La première tient une colombe sur ses genoux ; l'Amour à ses côtés, joue avec un glaive.

Ne serait - ce pas Calisto, cette nymphe à qui l'amour fut si funeste ? Elle écouta Jupiter et devint mère. On s'apperçut de sa faute, par les refus constants qu'elle fit de se déshabiller devant ses compagnes, en entrant dans le bain. Diane irritée la chassa honteusement ; Junon ensuite métamorphosa en ours, elle et son fils Arcas ; Jupiter finit par les placer dans le ciel, parmi les constellations, sous les noms de grande et petite Ourse.

L'autre chasseresse est dans l'attitude d'une nymphe qui prend une flèche dans son carquois ; son arc est dans les mains de l'Amour.

Ces deux figures, dont la date est 1710, sont l'ouvrage de Nicolas Coustou, né à Lyon, le 9 janvier 1658. Il était neveu, par sa mère, du célèbre Coysevox, qui fut son maître.

Nicolas Coustou mourut à Paris en 1733. Son ciseau réunit tout à-la-fois la force et la grâce.

Guillaume son frère, eut aussi du talent pour la sculpture. On connaît son mot à un riche financier qui lui demandait des magots dont il pût orner sa cheminée. *Volontiers*, ré-

pondit Guillaume Coustou , *pourvu
que vous me serviez de modèle.*

LE CHASSEUR EN REPOS (*fig.* 6)

Cette figure, qui est la dernière de
la terrasse , est, ainsi que les deux
précédentes , de Nicolas Coustou,
qui avoit bien étudié l'antique.

Le chasseur tient d'une main son
javelot renversé ; l'autre est posée
sur une branche du tronc d'arbre où
il est assis.

Mais voici l'embarras : vient-il de
la chasse où y va-t-il ? délibère-t-il
sur l'endroit où il portera ses pas,
ou bien se repose-t-il de ses fatigues ?
c'est ce qui n'est pas facile à deviner.
On dirait seulement , à l'ardeur du
chien qui l'accompagne , que c'est
plutôt un départ , qu'un retour.

Ceux qui veulent trouver à tout des
allusions, soit avec l'Histoire, soit avec

la Fable, voient Adonis dans ce chasseur. Mais comme rien n'y caractérise le favori de Vénus, je me borne,
après avoir exposé le sujet tel qu'il
s'offre aux yeux, à dire avec les gens
de l'art, que c'est là un des plus beaux
ouvrages de N. Couston, que la pose
et le dessin en sont admirables, l'exécution grande, l'air de tête noble et
gracieux.

DEUX VASES (*fig.* 9).

Avant de quitter la terrasse du
château, il faut y remarquer deux
grands vases du plus beau dessin et
de la plus belle exécution. Ils font
honneur au ciseau de Montau et de
l'Espingola, qui sont à la sculpture
ce que sont pour la peinture Van
Huisum et Van Saendonk.

Parterre en face du Château.

Douze compartiments symmétriques pour la position, mais bien variés pour la forme, composent ce parterre. Un tapis vert est dans le milieu de chacun, et les plate-bandes qui les environnent sont parées de fleurs et d'arbustes odorants. Le treillage qui les entoure est déjà commencé en fer, et s'achevera de même.

Là sont aussi trois bassins ayant un jet d'eau dans le centre.

Deux occupent les parties latérales du parterre. Le troisième, dont la circonférence est plus grande, coupe et embellit l'intervalle qui est entre le château et la grande allée; son jet part d'une coupe de marbre blanc, et son ondé est animée par ces poissons à écailles rouges, que nous ont envoyés les Chinois, et par des cignes que la ville d'Amiens à offerts à S. M. Impériale.

Pour arriver à ce bassin, vous traversez un espace en demi-ceintre, orné de quatre statues de bronze.

LES DEUX GLADIATEURS (*fig.* 10 *et* 11).

L'un est debout : c'est le gladiateur combattant. Sa main gauche est encore garnie des courroies ou attaches de son bouclier; la droite tenait une petite épée ou plutôt un glaive, dont le gladiateur se servait dans ces sortes de combats : souvent même il en avait deux, une à chaque main.

L'autre est blessé à mort, couché sur son bouclier, qui n'a pas pu le préserver de la large blessure qu'il a reçue au flanc droit. Il se soutient avec peine sur sa main, près de laquelle on voit le glaive qui lui est échappé. On y voit aussi deux cornets ou trompes, avec lesquelles le gladiateur défiait son adversaire et sonnait sa victoire (1).

Ces deux morceaux ont été jetés en moule par les frères Keller de Zurich, dont les bronzes ont si fort embelli Versailles.

Ceux-ci ont une vérité et une beauté d'expression qui frappe l'homme le moins connaisseur. L'un de ces gladiateurs semble combattre et triompher ; l'autre montre, en expirant, moins de douleur de sa blessure, que de regret de sa défaite.

Quels hommes que ces Romains! Quel mélange de férocité et de courage, caractérisait leurs divertissements même !

Dans les jeux de l'Elide, les Grecs

---

(1) Quelques personnes, à cause du collier que porte cet homme blessé, présument que c'est plutôt un Gaulois mourant, qu'un gladiateur.

goûtaient un plaisir pur, que n'affai-
blissait pas la vue du sang humain
ruisselant sur l'arène : c'était la
lutte, le disque, la course à pied ou
celle des chars. A Rome, au contraire,
des gladiateurs combattaient dans le
cirque, ou contre des bêtes féroces
ou contre leurs semblables.

Ils étaient armés d'un glaive (*gla-
dius*), d'où leur vient probablement
le nom de gladiateurs. Obligés dans
le combat de joindre la force à l'a-
dresse, ils étaient déshonorés s'ils
ne tombaient pas avec grâce, ou s'ils
mouraient avec faiblesse. Le vainqueur, appuyant le genou sur la poitrine de son rival, lui rendait la vie
ou lui donnait la mort, selon le vœu
des spectateurs; et ce vœu s'expri-
mait en élevant le pouce, ou en le
baissant contre la terre : ce dernier
signe était le signal de mort.

Un si affligeant souvenir fait dire

à M. Lefranc, lorsqu'il parle des arènes de Nimes.

C'est dans ce triste lieu qu'une jeune beauté
Ne respirant ailleurs qu'amour et volupté,
Par le geste fatal de sa main renversée,
Déclarait sans pitié sa barbare pensée,
Et conduisait de l'œil le poignard suspendu,
Dans le flanc du captif à ses pies etendu.

*Voyages de Provence
et de Languedoc.*

LE RÉMOULEUR (*fig.* 13).

Ce bronze, placé à une petite distance du gladiateur, debout et du même côté, est encore des frères Keller.

Il représente un esclave accroupi, aiguisant son couperet sur une pierre, et paraissant occupé de toute autre chose, que de son travail.

(34)

Les antiquaires diffèrent d'opinion sur ce personnage.

Les uns pensent que c'est un esclave qui, ayant surpris la conjuration de Catilina, en paraissant ne pas écouter les conspirateurs, alla tout révéler à Cicéron, alors consul. C'est oublier que les conjurés ne furent point trahis par un esclave, mais par Fulvia, dont Catilina était l'amant.

D'autres veulent que ce soit un affranchi, nommé Milicus, et qui fut surnommé *Sauveur*, pour avoir découvert à Néron, la conjuration que Pison tramait contre ce prince. Sevinus, ancien maître de cet affranchi et son bienfaiteur, était au nombre des conjurés, et perdit la vie. Mais cette occupation d'aiguiser un instrument de cuisine, appartient à des esclaves et non à des affranchis. Ceux-ci n'avaient pas non plus la tête nue ; mais ils étaient coiffés du bonnet, gage de leur liberté.

Un troisième sentiment, que je préfère, est celui des personnes qui, d'après quelques historiens. voient dans cette figure, *Vindicius*. Cet esclave, en aiguisant son couteau près de la chambre où les enfants de Brutus et quelques autres romains distingués, se concertaient sur les moyens de remettre les Tarquins sur le trône, entendit les détails de leurs projets, et vint promptement en faire part aux consuls. L'esclave reçut la liberté, et les conjurés furent condamnés à la mort : Brutus même eut le barbare courage d'y envoyer ses deux fils.

Une femme, devant qui l'on racontait ce trait d'histoire, s'écria, en soupirant : Il n'était pas leur mère.

Je ne finirai pas cet article, sans rappeler l'opinion de M. Winckel—

mann. Cet homme, si justement célèbre et si profond dans la connaissance de l'antiquité, apperçoit ici le Scythe à qui Apollon commanda d'écorcher Marsyas, et qui, en aiguisant l'instrument, a l'air de regarder la victime.

Marsyas était Phrygien, du nombre même de ces hommes à pieds de bouc, qui sont connus sous le nom de satyres. On lui attribue l'invention de la flûte; c'est-à-dire qu'il apprit à tirer, d'un seul tuyau, les sept tons que les sept tubes du chalumeau faisaient entendre. Minerve, dit-on, ayant voulu se servir de cet instrument, s'apperçut qu'il déformait la bouche, de dépit (1) elle le jetta. Marsyas s'en saisit, et il osa porter

____

(1) On raconte la même chose d'Alcibiade. L'abbé Barthélemi ajoute : « Dès ce » moment, la jeunesse d'Athènes regarda

ses

ses lèvres sur la flûte que Minerve avait touchée des siennes. Il osa même défier Apollon; mais le dieu ayant été déclaré vainqueur dans ce nouveau combat, il attacha le Satyre à un arbre, et l'écorcha ou le fit écorcher par un scythe.

Ce n'est pas là le Remouleur. Quoiqu'en dise Winckelmann, celui-ci ne regarde pas, il écoute; et la forme du couteau qu'il aiguise, n'est pas propre à l'emploi pour lequel on veut qu'il le prépare.

Tenons-nous en donc à la troisième des explications que j'ai données. Ne faisons pas sur-tout de cette figure du remouleur, un épouvantail pour les poètes et les musiciens qui,

---

» le jeu de cet instrument, comme un » exercice ignoble, et l'abandonna aux » musiciens de profession ».

Chapitre 26.

D

avec autant d'amour-propre, que Marsyas, n'auraient pas le même talent.

VÉNUS ACCROUPIE. (*fig.* 12.)

C'est sous ce nom que l'on connaît la statue qui sert de pendant au re-mouleur.

Elle représente une femme nue, assise sur ses talons. Sa main droite rapproche ses cheveux vers son sein; la gauche tient un linge qui couvre en partie la ceinture : un peu derrière elle et sous sa cuisse gauche, est une tortue

Quelle est cette femme? Est-ce la paresse, fille de la nuit et du sommeil, qui fut changée en tortue, pour avoir écouté les cajoleries de Vulcain?

Est-ce la pudicité qui eût des temples à Rome, et dont la tortue,

emblême du silence et de la vie retirée, semblait être un attribut ?

Est-ce enfin une Vénus pudique ?
Cette opinion me paraît la plus vraisemblable. Une médaille du cabinet
de la reine Christine, offre une Vénus
dont l'attitude est absolument la
même : le seul accessoire est différent.
Au lieu de la tortue, c'est l'Amour
qui est derrière elle.

La Vénus pudique de la ville Bor-
ghèse, a pour symbole une tortue :
» Allégorie, dit Noël, qui fait en-
« tendre aux femmes, qu'elles doi-
« vent être aussi retirées dans leurs
« maisons, que cet animal l'est dans
» la sienne ».

C'est pour cela que plusieurs médailles représentent Vénus appuyant
son pied sur une tortue.

Ici elle sort du bain. Sa main droite
exprime l'eau de ses cheveux ; dans
la gauche est le linge dont elle va
s'essuyer.

Vénus naquit, comme l'on sait, de l'écume de la mer, ou, selon d'autres, de Jupiter et de Dionée. Elle épousa le boiteux Vulcain, à qui elle fit bien des infidélités. Elle fut sur-tout aimée de Mars, qui la rendit mère de l'Amour. Les Grâces étaient ses compagnes. La pomme d'or, destinée à la plus belle, lui fut accordée, au jugement du berger Pâris. A sa ceinture étaient attachés les ris, les jeux, les plaisirs, les attraits. Paphos, Amathonte, Gnide, Cythère, Idalie, sont des lieux célèbres par le culte qu'on y rendait à cette déesse.

PHAÉTUSE.

En approchant du grand bassin circulaire, vous trouvez deux statues de marbre, plus fortes que nature.

Elles sont de Théodon, artiste distingué, né en France, mais qui a passé la plus grande partie de ses jours, à Rome.

La statue de la droite porte le nom de Phaétuse.

Cette nymphe, fille d'Apollon et de Clymène, était une des sœurs de Phaéton. Comme filles du soleil, on les nommait Eliades, *Elios* en grec signifiant ce père de la lumière.

Il eut l'imprudence de confier son char à Phaéton son fils qui, par-là, voulait prouver à ses rivaux, que le soleil était vraiment l'auteur de ses jours.

Ce jeune téméraire conduisit mal des chevaux accoutumés à n'obéir qu'à une main plus sage et plus ferme. En descendant trop bas, ils tarirent les rivières, brûlèrent les forêts, desséchèrent les montagnes et les plaines. La Terre en porta ses plaintes à Jupiter, qui foudroya Phaéton, et le précipita dans les ondes de l'Eridan ou Pô, fleuve d'Italie.

Phaétuse, dès ce moment, ne cessa d'en suivre le cours et d'y pleurer un frère chéri. Elle fut changée en peuplier, ainsi que sa sœur Lampétuse ou Lampétie ; et leurs larmes devinrent de l'ambre.

L'instant de cette métamorphose est celui qu'a saisi l'artiste. On voit que les piés et les jambes de la nymphe commencent à se couvrir de cette écorce qui doit bientôt l'envelopper toute entière.

Le cygne qui est près d'elle, rappelle ce roi des Liguriens, nommé Cycnus, qui avait été l'ami de Phaéton, qui le pleurait comme ses sœurs, et qui fut transformé en cygne, quand elles le furent en peupliers.

ATLAS.

De l'autre côté, est une figure de même grandeur, et dont le sujet est à-peu-près semblable, c'est la métamorphose d'Atlas en rocher.

Atlas était un géant, fils de Clymène et de Jupiter, qui lui confia la commission pénible de soutenir le ciel sur ses épaules. Hercule l'en soulagea pendant quelque temps, et porta cet étonnant fardeau.

Persée vint à son tour chez Atlas qui le reçut assez mal, quoiqu'il fut, comme lui, fils de Jupiter. En effet, il était né de Danaé, chez qui Jupiter s'était introduit en pluie d'or. Parvenu à l'âge des exploits, il obtint de Minerve un bouclier dont il se couvrit pour couper la tête à Méduse. Le sang qui en sortit donna naissance au cheval Pégase.

Ce fut sur ce cheval ailé, que Persée voyagea, et qu'il vint chez Atlas, dont le mauvais accueil l'irrita. Il s'en vengea d'abord en lui dérobant ses pommes d'or; enfin, en lui montrant la tête de Méduse, qui le changea en rocher.

Une chaîne de hautes montagnes d'Afrique, est connue des Géographes, sous le nom d'Atlas. voilà sans doute l'origine de la fable qui a courbé ce géant, sous le poids de la voute céleste.

Deux groupes sont placés vis-à-vis de ces deux statues, autour du grand bassin circulaire. Tous les deux représentent des enlèvemens.

ENLÈVEMENT DE CYBÈLE PAR SATURNE. (*fig.* 14.)

Tel est le titre que l'on donne au groupe de la droite.

Trois figures le composent. Un homme ayant des aîles, âgé, mais plein de vigueur, enlève dans les airs, une jeune personne qui semble implorer le secours des Dieux, et qui paraît avoir été arrachée des bras d'une femme couchée à terre, la main appuyée sur la tête d'un lion.

Ce beau morceau de sculpture fait honneur à Regnaudin, dont Moulins fut la patrie, et qui mourut à Paris en 1760, âgé de 79 ans.

Plusieurs personnes pensent que ce grouppe est allégorique. C'est, selon eux, le Temps qui enlève la Beauté.

Ce caractère de vieillard, ces aîles que la Fable donne au Temps, et la fraîcheur de la jeune personne, tout semble justifier cette idée ingénieuse.

Mais pourquoi cette femme jettée à terre, et dont l'air annonce un grand effroi? Pourquoi ce Lion? Pourquoi le Temps serait-il sans la faulx et le

sable, qui sont ses attributs ordi-
naires ?

Il vaut donc mieux croire que c'est
effectivement Saturne, fils du Ciel,
ou Cœlus, qui devient le ravisseur
de Cybèle, fille de la terre dont le
lion est le simbole.

Saturne est le même que le
Temps ; sous ce rapport on lui donne
des aîles. Il fut le père de Jupiter,
de Neptune et de Pluton. Le premier le détrôna et le chas a du ciel.
Saturne alors vint en Italie, où il fit
régner l'âge d'or.

Cybèle, révérée aussi sous les noms
d'Ops, de Rhée, de Vesta, de la
Bonne - Déesse, de la Mère des
Dieux, était, ainsi qu'on l'a dit,
fille de la Terre. On la représente
coiffée d'une couronne en forme de
tour crénelée, tenant dans la main
une clé, et portée sur un char que
traînent des lions. Atys changé en
pin est un témoignage de sa ven-

geance , contre un infidèle qui lui avait préféré la Nymphe Sangaride.

Ses fêtes se célébraient à Rome, dans le plus grand secret. Les femmes seules y étaient admises. L'homme qui eut été surpris alors dans le temple *de la Bonne-Déesse*, eut été mis à mort. Aussi les auteurs ont-ils répandu sur ces mystères, des soupçons injurieux. Ils n'y ont vu que les mœurs outragées, sous le nom de solemnités religieuses.

ENLÈVEMENT D'ORYTHIE. (*fig*. 16.)

Chez les anciens, comme l'a si bien dit Bossuet, tout était Dieu , excepté Dieu même. Les vents étaient, pour eux, des divinités , mais soumises à un roi nommé Eole , dont les quatre principaux ministres s'appellaient *Eurus* (vent d'orient),

Notus (vent du midi), *Zephirus* ou
Zéphire (vent du couchant), *Boreas*
ou Borée (vent du nord).

Celui-ci voyant Zéphire marié à
Flore , voulut à son tour devenir
époux. Il enleva Orythie, fille d'E-
recthée, roi d'Athènes , de laquelle
il eût deux fils, Calaïs et Zetès, qui
se distinguèrent dans l'expédition
des Argonautes.

Ce groupe est composé , ainsi que
le précédent , de trois figures : de
Borée , représenté avec des aîles et
les joues bouffies; d'Orythie , qu'il
enlève , et qui cherche à retenir son
voile ; d'un jeune homme couché ,
que les uns prennent pour un rival
terrassé par Borée, et d'autres pour
un frère du ravisseur. Ce qui favo-
rise cette seconde idée , c'est qu'il a
aussi les joues enflées comme Borée.

Gaspard Marsy , sculpteur, né à
Cambray, commença ce groupe, qui
fut terminé par François Duquesnoy,

surnommé le Flamand, parce qu'il était de Bruxelles.

ARRIE ET PÆTUS. (*fig.* 15.)

Du même côté que l'enlèvement d'Orythie, en avançant vers la grande allée, est un groupe sur lequel l'opinion est encore partagée.

Il est composé de trois grandes figures.

Celle du milieu est une femme qui tient dans sa main droite un poignard avec lequel elle vient de se frapper au sein.

A sa gauche est une de ses femmes qui a le pied sur un coussin ou carreau, et qui du doigt montre la blessure.

De l'autre côté est un homme en habit romain, qui la soutient et la regarde avec autant d'émotion, que d'intérêt.

E

A leurs pieds est un Amour dont l'arc est détendu, et qui s'appuie sur un chien.

L'académie des inscriptions a cru voir dans ce beau groupe, Lucrèce se donnant la mort.

On sait que cette romaine outragée indignement par le fils de Tarquin, ne voulut pas survivre à sa honte; qu'elle assembla ses parents; qu'en leur présence et celle de Collatinus son mari elle se poignarda; que Brutus arrachant le poignard, jura, sur ce fer tout sanglant, la perte des Tarquins et la liberté de sa patrie; que Tarquin en effet fut le dernier roi de Rome, et Brutus le premier consul de cette république célèbre.

Ce seul exposé rapide fait voir qu'il ne peut pas être ici question de Lucrèce.

(51)

Lucrèce était assise (1); ici la femme est debout.

Lucrèce, après s'être frappée, alla tomber (2) aux pieds de son père; ici elle reste à sa place.

Ce fut Brutus qui retira le poignard de la plaie (3); et c'est ici la

---

(1) *Lucretiam* SEDENTEM *mœstam in cubiculo inveniunt.*

TITIUS-LIVIUS, lib. 1. circa finem.

. . . . *Passis* SEDET *illa capillis.*

OVID. fast. lib. 2.

. . . .

(2) *Et cadit in patrios , sanguinolenta pedes.*

(3) *Brutus adest ; tandemque animo sua nomina fallit ;*

Fixaque semi-animi corpore tela rapit ,

Stillantemque tenens generoso sanguine cultrum ,

Edidit impavidos ore minante sonos, etc.

OVID. ibid.

femme qui le tient à la main et le présente.

Sa compagne a les pieds sur un carreau; et ce luxe était inconnu aux premiers temps de Rome.

L'homme n'a pas non plus l'habillement simple et grossier de ces premiers siècles; il est vêtu comme on

---

Il y a dans le récit d'Ovide deux mots précieux que je ne puis omettre.

Il dit que Lucrèce trouva des expressions pour détailler le commencement de sa funeste aventure. Mais comment en rendre la fin ?

Quæque potest, narrat : restabant ultima...
flevit.

Le second mot est relatif à la manière dont elle tomba. Son respect pour la pudeur y est bien caractérisé.

Tunc quoque jam moriens, ne non procumbat honestè ,
Respicit. Hæc etiam cura cadentis erat.

l'était sous les empereurs. Ce ne peut donc être ni Collatinus, ni ce Brutus dont les traits, répétés sur beaucoup de médailles, ne se retrouvent pas ici.

Ce groupe est évidemment celui d'Arrie et Pœtus. Commencé à Rome, par Théodon, il fut, après sa mort, achevé à Paris, par Pierre Lepautre.

L'histoire d'Arrie est connue. Son mari Cæcina Pœtus fut accusé d'avoir voulu faire soulever l'Illyrie contre l'empereur Claude ; ce prince le condamna à la mort.

Les Romains alors n'étaient pas encore assez avilis pour la recevoir de la main d'un bourreau ; ils aimaient mieux se la donner.

Cependant Pœtus hésitait. Sa femme saisit aussitôt un poignard, se frappe et le lui présente, en disant : *Pœte non dolet*, Pœtus cela ne fait point de mal.

Ce mot sublime est délayé et dé-
naturé dans une épigramme de Martial, beaucoup trop admirée. Arrie y
dit à son époux qu'elle ne souffre
point de sa blessure, mais de celle
qu'il va se faire :

Sed tu quod facies, hoc mihi Pæte
   dolet. ·

Jeu de mots, aussi déplacé que
puérile, qui substitue l'esprit au sentiment ! mais pour le dire, en pas-
sant, sur deux ou trois mille épi-
grammes que nous a laissées Martial,
il en est une cinquantaine que l'on peut
citer ; le surplus. sans grace et sans
sel, offense presque toujours les
bonnes mœurs et révolte le bon goût.

Pœtus suivit l'exemple que lui
avait donné sa femme.

L'Amour qui est à leurs pieds
entre un bouclier, un casque et un
chien, est l'amour conjugal, qui doit

toujours avoir la fidélité pour com—
pagne..

Ils moururent l'an 42 de l'ère
chrétienne.

LA PIÉTÉ FILIALE. (*fig.* 17.)

Cet autre groupe qui, du côté de
la rivière, correspond au précédent,
est l'ouvrage de Lepautre seul (1).

Troye touchait à son dernier moment. Après avoir résisté pendant
dix années, elle tombait au pouvoir
des Grecs qui sortirent pendant la
nuit du trop fameux cheval de bois,
et livrèrent aux flammes, la mal-
heureuse Ilion.

Enée, prince Troyen, fils d'An-

---

(1) Né à Paris en 1660. Son père était
architecte. Après avoir demeuré 14 ans à
Rome ; il revint à Paris où il est mort en
1744.

chise et de Vénus, suivi de Creuse, sa femme, et d'Ascagne, son fils, sortit alors de la ville, emportant sur ses épaules, son père qui s'était chargé de leurs Dieux domestiques.

Voilà le trait que Lepautre a voulu rendre.

Le héros marche sur des débris de colonnes, monuments déplorables d'un siége long et funeste.

Le vieillard serre de son bras gauche la statue de Minerve, et donne la main droite au jeune Ascagne, placé derrière son père.

Creuse ne paraît point ; elle s'était déjà égarée : et cette circonstance rappelle les vers de Rousseau, en parlant de Didon.

> Pouvait-elle mieux attendre
> De ce pieux voyageur,
> Qui, fuyant sa ville en cendre
> Et le fer du Grec vengeur,
> Chargé des Dieux de Pergame,

Ravit son père à la flamme
Tenant son fils par la main,
Sans prendre garde à sa femme
Qui se perdit en chemin ?

Ce groupe d'Enée et d'Anchise est un des meilleurs morceaux de sculpture de l'école française. Qu'il paraît admirable sur - tout, lorsque la tête étant échauffée des beaux vers de Virgile, l'imagination vous transporte à ce siége fameux, vous montre d'un côté, Pirrhus, Ajax, Diomède, semant l'effroi dans la ville de Laomédon ; et d'un autre côté, le fils de Vénus s'en éloignant pour chercher un asyle sur le mont Ida, chargé du fardeau le plus précieux qu'un fils puisse porter ! Avec quelles délices le cœur se repose sur ce dernier tableau !

En arrivant à la grande allée, vous en rencontrez une transversale qui se dirige d'un côté vers la terrasse des Feuillants, et de l'autre, vers la terrasse de l'eau.

Elle est ornée de quatre superbes vases de marbre blanc, d'un style antique, d un goût pur, et parfaitement travaillés.

Trois statues se mêlent à ces vases, pour embellir l'allée. La quatrième sera bientôt élevée sur le piédestal qui l'attend.

Commençons par celle de Diane, la plus voisine de la terrasse des Feuillants.

DIANE A LA CHASSE. (*fig.* 18.)

D'une main la déesse prend une flèche dans son carquois ; de l'autre elle retient un cerf prêt à s'élancer ; son front est orné d'un croissant.

Diane est une de ces divinités dont le nom, le culte et les attributs ont fort embarrassé les savants. Sœur d'Apollon, fille de Jupiter et de Latone, elle est particulièrement révérée comme déesse des forêts et de la chasse. Le cerf lui est consacré. La chasteté fut sa vertu chérie.

Quand l'indiscret Actéon osa la la regarder dans le bain, elle le changea en cerf. Calisto, une de ses nymphes s'étant laissée séduire par Jupiter, elle la chassa indignement du nombre de ses compagnes.

On l'honorait sous trois noms différents. C'est Hécate aux enfers, Diane dans les bois, Phébé ou Lune dans le ciel.

Sous ce dernier rapport, elle porte toujours un croissant sur le front. Ce caractère même est celui qui la fait reconnaître dans les tableaux ; et qui dans les morceaux de sculpture, la distingue des simples nymphes des forêts.

C'est sous ce même rapport encore, que l'on parle de ses amours avec le berger Endimion. La fable ne dit point qu'elle s'échappait du milieu des bois, mais qu'elle descendait du haut des airs, pour jouir de sa présence.

Ephèse avait élevé à Diane le plus superbe temple que l'univers eut encore vu. Il était compté parmi les sept merveilles du monde. Un fou, nommé Erostrate, le brula, pour faire à jamais parler de lui.

Combien, au moral, n'a-t-il pas eu de coupables imitateurs ! Que de gens n'ont tout détruit, qu'afin de vivre dans la mémoire ! Et quelle est leur célébrité ? L'oubli vaudrait mille fois mieux.

POMPÉE.

La statue de ce grand capitaine, occupera, dit-on, le piédestal qui est vide actuellement.

Pompée naquit l'an 1o6 avant J. C. le même jour que Cicéron. Il commanda

manda en chef à 23 ans ; il eut des succès ; et, quoiqu'il fût jeune et simple chevalier, il obtint les honneurs du triomphe. Devenu le gendre de César, en épousant Julie, il forma avec lui et Crassus, ce triumvirat qui fit crouler la république. César ne voulait point d'égal, et Pompée point de maître. On se battit dans les plaines de Pharsale ; Pompée y fut défait et se sauva en Égypte, où la lâcheté et la perfidie d'un roi lui firent trouver la mort qu'il avait tant de fois bravée dans les combats. Ptolomée le fit assassiner dans la barque même qui l'amenait au rivage. César le pleura ; Corneille lui fait dire à la vue des cendres de son malheureux rival :

Restes d'un demi Dieu dont à peine je puis
Egaler le grand nom, tout vainqueur que
    j'en suis.

CÉSAR.

C'est le nom qu'on lit au bas d'une statue qui peut plaire aux connaisseurs, mais dont l'attitude roide et sèche n'offre rien qui flatte l'œil vulgaire.

On l'attribue à Théodon, ainsi que celle dont nous venons de parler.

Sans le nom de César, que l'artiste a eu soin de graver, on la prendrait pour l'image de tout autre empereur romain : car rien ne caractérise ici nommément Jules César.

Son vêtement est l'habit de guerre des Romains. Sa tête est nue, le manteau *impératorial* ou du général en chef, *paludamentum*, couvre ses épaules ; le bâton de commandement est dans sa main gauche ; la droite tient une espèce de pomme ou globe insignifiant ; à ses pieds est un casque énorme surmonté d'un oiseau que l'on prendrait pour une colombe , si les serres n'annonçaient pas un aiglon.

Au reste, Jules César (1) qui prétendait descendre de Vénus par Énée et Iule son fils, pouvait également prendre pour cimier, ou la colombe de sa mère, ou l'aigle, symbole de ses victoires.

Elles commencèrent dans les Gaules. Il conquit ces contrées avec le fer des Romains, et subjugua Rome avec l'or des Gaulois. Il battit Pompée à Pharsale ; de-là, passa dans l'Egypte, qu'il soumit ; suivit les

____

(1) Le nom de César lui fut donné à cause de la manière dont il vint au monde. Il fallut l'arracher du sein de sa mère, par l'opération à laquelle il donna son nom, *l'opération césarienne.*

Il fut donc appelé César, *à cœsa matre.*

E 2

côtes d'Afrique où rien ne lui résista ; triompha en Espagne, où tout reconnut sa puissance, et vint paisiblement régner à Rome, sous le nom de dictateur et d'empereur.

Malheureusement, ce calme ne fut pas long. A l'âge de 56 ans, il fut assassiné en plein sénat, où il tomba mourant au pied de la statue de Pompée. Brutus, fils naturel de César, fut un des auteurs de ce meurtre, qui arriva l'an 43 avant l'ère chrétienne.

Grand général , grand orateur, homme aimable, vainqueur généreux, il eut des vices , point de défauts. Ses qualités brillantes jettent autour de lui , un éclat qui repousse dans l'ombre, les taches que lui reproche l'Histoire.

Ce mot peint son ambition : *j'aimerais mieux être le premier dans un village, que le second à Rome.*

Ce vers de Lucain peint son activité.

*Nil actum reputans, si quid super-
esset agendum.*

Croyant n'avoir rien fait, tant qu'il
restait à faire.

Ses commentaires enfin prouvent
qu'il savait écrire, aussi bien que
combattre, et que plus d'un chemin
s'ouvrait devant lui, pour arriver au
temple de Mémoire.

FLORA OU GLYCERE. (*fig.* 21.)

C'est une bien belle statue que celle
qui termine cette allée, du côté de
l'eau.

La draperie la mieux jettée et la
plus transparente, couvre une femme
superbe qui tient dans sa main gauche une couronne de fleurs.

Une circonstance à remarquer, est
que le cordon ou ruban qui assujettit
la robe dans les autres statues de
femmes, s'y trouve placé immédia-

tement au-dessous du sein, et qu'il est ici négligemment attaché beaucoup plus bas : ce qui, chez les Grecs et chez les Romains, annonçait l'oubli de la décence.

Aussi pense-t-on que Flora, maîtresse de Pompée, est celle qui paraît sous nos yeux : ce général en ayant fait placer la statue dans le temple de Castor et Pollux, pour y servir de modèle aux sculpteurs et aux peintres.

Cette opinion ne me paraît pas conforme à la vérité. Pourquoi cette Flora de Pompée tiendrait-elle une couronne de fleurs ? Elle n'aurait absolument que son nom, pour mériter un pareil attribut.

Il faut donc trouver une femme que la couronne de fleurs caractérise spécialement.

Telle est Glycère, courtisanne de Sicyone, ville située sur le golphe occidental de Corinthe, à peu de distance de cette cité fameuse.

Glycère, dit M. Rollin, excellait dans l'art de faire des couronnes, tellement qu'on la regarda comme l'inventrice de cette manière d'enlacer les fleurs.

Il ajoûte qu'entre elle et le peintre Pausias, son compatriote, il s'éleva souvent des défis sur la manière de disposer les fleurs, et de graduer, par leur adroit mélange, les nuances d'une couronne ou d'une guirlande. Ce que l'une exécutait avec des fleurs, l'autre l'imitait avec le pinceau; c'était, dit Rollin, un combat entre l'art et la nature.

Un historien raconte que le philosophe Stilpon reprochant un jour à Glycère de corrompre la jeunesse, elle lui répondit : qu'importe qu'elle soit égarée par une courtisanne ou par un sophiste? l'erreur du cœur est peut-être plus excusable et moins dangereuse, que celle de l'esprit.

Ce mot, poursuit l'écrivain, fit

abandonner à Stilpon, toutes les questions métaphysiques, pour ne plus donner que des leçons de morale.

Athènes eut aussi une Glycère, qui fut maîtresse d'Alcibiade. Elle était bouquetière et jolie. Appelles la peignit, dans l'attitude d'une nymphe qui arrange des fleurs.

Revenons à la grande allée des Tuileries.

Elle n'avait pas autrefois la même largeur qu'à présent. Deux contre-allées la séparaient des autres portions du bois ; et par cette raison, elle en valait mieux. De grands arbres rapprochaient et confondaient leurs rameaux qui ne peuvent plus s'atteindre aujourd'hui ; et ils formaient, sur la tête des promeneurs , une voûte de verdure impénétrable aux rayons du soleil. Je n'ai rien vu de si brillant, de si séduisant, que le spectacle de cette grande allée, le soir d'un beau jour d'été. Six à sept rangs de chaises

offraient de chaque côté , ce que
Paris possédait en femmes , de plus
charmant pour la figure et de plus
recherché pour la toilette. Le milieu
était reservé aux promeneurs, qui
animaient et embélissaient encore ce
tableau par le goût et la richesse de
leurs habillements (1).

Les arbres des contre allées ont été
abattus afin de ménager un point de
vue plus prolongé ; mais avec elles
ont disparu l'ombre et la fraicheur
qu'il faut chercher à présent, dans

____

(1) On n'entrait alors aux Tuileries , depuis midi , qu'en *habit habillé*. La mode de
paraître avec ce négligé connu sous le nom
de frac et de redingotte , ne nous est venue
d'Angleterre , que peu de temps avant la
révolution. Le prince de Chinon, ainsi vêtu,
arrive un jour chez le maréchal de Riche-
lieu , son grand-père , au moment qu'une
compagnie élégante et nombreuse allait se
mettre à table. — D'où venez vous donc ,
mon fils , lui dit le Duc ? — Mais... papa,..
de Versailles. — Et derrière quelle voiture ?

des allées étroites , où les coups de coude tourmentent ceux qui se promènent et la poussière , ceux qui regardent.

ATALANTE ET HIPPOMÈNE.
(*fig.* 22 *et* 23.)

Derrière cette promenade nouvelle, à droite de la grande allée, est le bosquet, ou pour mieux dire, le boulingrin d'Atalante et Hippomène, garanti par un léger treillage en fil de fer, à hauteur d'appui.

Sur le devant sont deux figures, l'une d'une jeune fille, l'autre d'un jeune homme, qui tous les deux courent avec beaucoup d'ardeur. Dans la main de celui-ci, on apperçoit une pomme qu'il est prêt à lancer.

C'est Hippomène, prince grec, né de Macarée et de Mérope. La fable raconte qu'il fuyait les femmes, et qu'il ne vivait que dans les bois ou sur les montagnes. Vénus, pour se venger de ses dédains, lui fit voir Atalante, et il en fut épris.

Mais la main de cette princesse n'était point aisée à obtenir. Elle était d'une agilité extraordinaire ; et pour éprouver les amants que lui attirait sa beauté, elle les défiait à la course, les laissait même partir avant elle, se réservant le droit cruel de les percer de son javelot, si elle pouvait les atteindre.

Plusieurs avaient déjà péri, quand Hippomène se présenta ; mais Vénus qui le protégeait, lui ménagea la victoire. Elle lui remit trois pommes d'or cueillies dans ses jardins de Cypre ; il les jetta successivement devant les pas d'Atalante, lorsqu'il la voyait trop près de lui ; et mettant à profit le temps qu'elle perdait à les ramasser, il arriva le premier au terme de la course, et devint son époux.

J'engage ceux pour qui la langue d'Ovide n'est pas un idiôme étranger, à voir chez ce peintre des amours, le tableau que j'ai si faiblement esquissé, et qu'il a si supérieurement rendu.

Mais combien les cœurs sensibles gémiront du sort funeste des deux époux!

Ils passaient devant un temple de Cybèle. Vénus qu'Hippomène n'avait pas remerciée du service qu'il en avait reçu, lui fit naître le desir d'y entrer avec Atalante. Ils y étaient seuls, et mariés nouvellement. Bientôt oubliant la divinité du temple, ils y sacrifièrent à l'himen. Cybèle, irritée d'un pareil outrage, les transforma, Hippomène en Lion et Atalante en Lionne.

Au fond du bosquet qui leur est consacré aux Tuileries, on voit un

Apolline

Apolline ou statue d'Apollon (1) adolescent , placé là comme pour nommer le vainqueur.

Un banc circulaire est derrière pour servir de siège aux spectateurs ou aux juges de la course.

Il est de marbre blanc , orné d'un Sphinx à chacune de ses extrémités.

Le Sphinx est défini par l'académie française : « monstre imaginaire que » les poètes disent avoir eu le visage » et les mammelles d'une femme, la » corps d'un lion et les aîles d'un » aigle ».

---

(1) Ces statues où paraît Apollon, avec le bras elevé sur sa tête , sont aussi désignées sous le nom *d'Apollon en repos*, ou sous celui d'Apollon Lycien , parce qu'il avait en Lycie un temple où il est représenté dans cette attitude, le bras gauche appuyé sur un tronc d'arbre contre lequel grimpe un serpent.

Elle ajoute que quelques auteurs font ce mot féminin.

Le sphinx est un ornement bisarre que l'on retrouve dans beaucoup de monuments Egyptiens. C'était, dit-ôn, pour annoncer que tout est énigme dans la nature, et que les mystères de la religion ne doivent pas être légèrement dévoilés.

De tous les sphinx dont parle la fable, le plus fameux est celui de Thèbes, en Grèce. Voici ce qu'en dit le professeur Noël.

« La sphinx de Thèbes avait la
» tête et le sein d'une jeune fille, les
» griffes d'un lion, le corps d'un chien,
» la queue d'un dragon, et les aîles
» comme les oiseaux. Elle exerçait
» ses ravages sur le mont Phocée,
» d'où, se jettant sur les passants, elle
» leur proposait des énigmes diffi-
» ciles, et mettait en pièces ceux qui
» ne pouvaient les expliquer.

» Voici l'énigme qu'elle proposait

» ordinairement : Quel est l'animal
» qui a quatre pieds le matin, deux
» sur le midi, et trois sur le soir ?
» Déjà plusieurs personnes avaient
» été victimes du monstre, lorsque
» OEdipe se présenta pour expliquer
» l'énigme, et fut assez heureux pour
» la deviner. Il dit que cet animal
» était l'homme qui, dans son enfan-
» ce, qu'on devait regarder comme
» le matin de sa vie, se traînait sou-
» vent sur les pieds et sur les mains ;
» vers le midi, c'est-à-dire, dans la
» force de son âge, il n'avait besoin
» que de ses deux jambes ; mais le soir,
» c'est-à-dire, dans sa vieillesse, il avait
» besoin d'un bâton, comme d'une
» troisième jambe pour se soutenir.

» La sphinx, outrée de dépit de
» se voir devinée, se cassa la tête
» contre un rocher ».

Ces statues d'Atalante et d'Hipo-
mène, sont de Coustou le jeune, et
de Lepautre ; elles ornaient, ainsi que

les deux suivantes, les bosquets de
ce Marly, dont l'abbé Delille a dit si
bien :

Tout bosquet est un temple , et tout marbre
  est un Dieu ;
Et Louis respirant du fracas des conquétes,
Semble avoir invité tout l'Olympe à ses
  fêtes.

APOLLON ET DAPHNÉ. (*fig.* 25.)

A l'opposite du bosquet que je viens
de décrire , et de l'autre côté de la
grande allée , vous voyez celui de
Daphné et Apollon, figures des
deux frères Coustou.

L'intérieur du bosquet offre, ainsi
que le précédent , un gazon dont les
plate—bandes sont garnies de fleurs.
Le fond présente aussi un siége cir—
culaire de marbre blanc, orné de
deux sphinx.

Au milieu est un berger ou plutôt

un faune, portant un chevreau sur son cou. Son bâton recourbé est sur son bras droit ; son chalumeau est suspendu au tronc d'un arbre.

Ce faune ou berger (1) n'est pas établi là, comme l'Apolline du bosquet précédent, en qualité de juge d'une course ; il est censé rapporter des bois son chevreau languissant , et

---

(1) Ce berger rappelle une cérémonie des habitants de Tanagra en Béotie.

« Ils prétendent que Mercure les délivra
» une fois de la peste, en portant autour de
» la ville un bélier sur ses épaules. Ils l'ont
» représenté sous cette forme dans son temple;
» et le jour de sa fête, on fait renouveler
» cette cérémonie par un jeune homme de
» la figure la plus distinguée ; car les Grecs
» sont persuadés que les hommages que l'on
» rend aux Dieux, leur sont plus agréables
» quand ils sont présentés par la jeunesse
» et la beauté ».

Voyage d'Anacharsis, liv. 34.

devenir le témoin fortuit d'une entreprise amoureuse.

Daphné était la fille de Pénée, fleuve qui coule dans la Thessalie. Apollon, chassé du ciel, gardait alors dans cette contrée, les troupeaux du roi Admète. Il vit Daphné, il en devint amoureux, et la poursuivit (1) dans la prairie qui borde le fleuve. La nymphe, pour se dérober aux empressements du dieu, implora le secours de son père, qui la changea en laurier. Apollon en prit des rameaux

____

(1) Cette circonstance amène une critique assez judicieuse du placement des deux figures. On a dit : Si Apollon poursuit Daphné, comment se trouve-t-il à côté d'elle et sur le même plan ?

Pas d'autre réponse, que d'avouer qu'on s'est trompé. Mais il fallait faire un bosquet correspondant à l'autre, et disposer les figures de la même manière : sans cela, plus de symmétrie.

et s'en fit une couronne qu'il porta toujours.

Le laurier, par cette raison, lui est consacré ; et il est aussi la récompense flatteuse de ceux qui excellent dans les beaux-arts ; il orne également le front des favoris de Mars. On dit que cet arbre écarte le tonnerre.

La cause qui fit chasser Apollon de l'Olympe, fut sa colère contre les Cyclopes qu'il tua, pour avoir forgé les traits avec lesquels son fils Esculape avait été foudroyé par Jupiter.

Et pourquoi l'avait-il été ? Parce qu'il excellait dans la médecine dont il est devenu le Dieu ; qu'il guérissait tous les malades ; et qu'il empêchait, par ce moyen, l'accroissement de l'empire de Pluton, qui s'en plaignit à Jupiter son frère. Hélas ! il y a long-temps qu'il n'a plus de semblables plaintes à former ; nos médecins ne seront pas foudroyés, pour une cause pareille.

Le souverain des cieux était père d'Apollon, qui dut le jour à Latone et qui eut Diane pour sœur. Tous les deux naquirent à Délos. Elle promenait la lune dans les airs pendant la nuit. Il y conduisait le soleil durant le jour. Elle s'appellait Phébé, il se nommait Phébus. Elle était la déesse de la chasse ; il présidait à tous les arts d'agrément.

M. de Fontenelle, dans un sonnet sur Apollon et Daphné, suppose qu'en courant après elle, Apollon lui criait : je suis le Dieu du jour, le Dieu des vers, de la musique, etc.

Daphné fuyait encor plus vite que jamais.
Mais s'il eût dit : voyez quelle est votre
    conquéte ,
Je suis un jeune Dieu, toujours beau, tou-
    jours frais ,
Daphné, sur ma parole, aurait tourné la
    tête.

(81)

L'histoire de Daphné est racontée d'une manière un peu différente dans le 52°. chapitre du voyage d'Anacharsis. Le style si pur de M. l'abbé Barthélemi, ne peut que donner du prix à la narration, la voici :

« La jeune Clytie s'accompagnant
» de sa lyre, chantait les amours de
» Daphné, fille du Ladon, et de
» Leucippe, fils du roi de Pise.
» Rien de si beau en Arcadie, que
» Daphné ; en Élide, que Leucippe.
» Mais comment triompher d'un cœur
» que Diane asservit à ses loix,
» qu'Apollon n'a pu soumettre aux
» siennes ? Leucippe rattache ses
» cheveux sur sa tête, se revêt d'une
» légère tunique ; charge ses épaules
» d'un carquois et, dans ce déguise-
» ment, poursuit avec Daphné les
» daims et les chevreuils, dans la
» plaine. Bientôt elle court et s'égare
» avec lui, dans les forêts. Leurs
» furtives ardeurs ne peuvent échap-

» per aux regards jaloux d'Apollon :
» il en instruit les compagnes de
» Daphné; et le malheureux Leucippe
» tombe sous leurs traits. Clytie
» ajouta que la nymphe, ne pouvant
» supporter, ni la présence du Dieu
» qui s'obstinait à la poursuivre, ni
» la lumière qu'il distribue aux mor-
» tels, supplia la terre de la recevoir
» dans son sein, et qu'elle fut méta-
» morphosée en laurier ».

CASTOR ET POLLUX. (*fig.* 20.)

Un peu plus loin que le bosquet
d'Hippomène et Atalante, on apperçoit au milieu d'une grande salle de
maronniers, un groupe formé de
deux grandes figures et d'une petite.

Celle-ci tient deux œufs. Le jeune
homme qui est près d'elle, porte deux
flambeaux dont l'un est sur son
épaule et l'autre est renversé. La

troisième figure est encore celle d'un
jeune homme dont les yeux se fixent
sur quelque chose de rond qu'il a
dans la main.

Les personnes à qui ce groupe présente l'Amour et l'Hymen, reconnaissent la Nature, dans la petite figure ; et dans les œufs, le symbole
de la fécondation.

Mais en ce cas, pourquoi l'hymen
éteint-il un de ses flambeaux ? Et
pourquoi l'Amour est-il sans aucun
des attributs qui le caractérisent,
sans aîles, sans carquois, sans arc ,
sans bandeau ?

Filippo della torre voit ici deux
génies sacrifiants à la nature.

Maffei les prend pour *Hesperus* et
Lucifer, l'étoile du soir et celle du
matin.

Winckelmann se persuade que
c'est Pilade , Oreste et sa sœur
Electre.

Lessing nomme les deux grandes

figures, le Sommeil et la Mort. La petite lui paraît être la nuit.

Oh! que Rhulières a bien raison de dire après Horace : *vingt têtes, vingt avis.*

Je m'en tiens à l'opinion la plus générale. Ces deux grandes figures sont Castor et Pollux.

Ils naquirent de Leda, femme de Tyndare, roi d'Œbalie. Elle se baignait dans l'Eurotas; Jupiter se métamorphosa en cygne, pour la séduire; et sous cette forme, il en obtint des faveurs qui la rendirent mère de deux œufs. De l'un sortirent Hélène et Castor; de l'autre, Pollux et Clytemnestre.

De ces quatre enfants un seul fut immortel, c'est Pollux ; mais comme il aimait singulièrement son frère Castor, dont il était inséparable; il obtint de partager l'immortalité avec lui : de manière que l'un passait six mois dans les enfers, tandis que l'autre jouissait

jouissait du bienfait de la vie : et ainsi alternativement.

C'est cette alternative que désignent les deux flambeaux dont l'un est prêt à s'éteindre , tandis que l'autre s'élève et jette de la flamme.

Le corps rond que l'on remarque dans la main de Pollux , est un disque ou palet, instrument du jeu où il excellait, et qui consistait à lancer au loin , une pièce ronde de fer, de plomb ou d'airain. Son frère était passionné pour les chevaux : *Castor gaudet equis*. Hor.

La petite femme placée auprès d'eux , est Léda leur mère , comme l'indiquent les œufs qu'elle tient.

Ils accompagnèrent Jason dans la Colchide , et l'aidèrent à conquérir la toison d'or.

Après leur mort , car enfin tout finit, même les demi-dieux ; ils furent changés en astres , et brillèrent dans le zodiaque , sous le nom de Gémeaux.

Rome et la Grèce leur dédièrent des temples. Les soldats et les matelots les invoquaient également. Les premiers crurent souvent les voir combattre avec eux , montés sur des chevaux blancs. Ils apparaissaient aux seconds, sous la forme de petites flammes qui voltigeaient autour des mats : sorte d'exhalaisons ou de météores que les marins nomment aujourd'hui *feu St.-Elme* ou *St.-Nicolas*.

Mais ce qui distingue le plus ces deux frères, c'est l'étroite amitié qui les unit si constamment l'un à l'autre.

L'amitié! à ce mot , que je ne prononce jamais sans émotion, je me rappelle les beaux vers de Bernard , dans l'opéra de Castor et Pollux ; et j'aime à croire que mon compagnon de promenade aura quelque plaisir à me les entendre réciter, aux pieds des

(87)

demi-dieux qui seront à jamais les modèles des vrais amis.

Présent des Dieux, doux charme des hu-
    mains,
O divine amitié, viens embrâser nos âmes!
    Les cœurs échauffés de tes flammes
Avec des plaisirs purs, n'ont que des jours
    sereins.
C'est dans tes nœuds charmants que tout est
    jouissance.
Le temps ajoute encore un lustre à ta beauté.
    L'amour te laisse la constance ;
    Et tu serais la volupté
    Si l'homme avait son innocence.

BACCHUS ET LE JEUNE HERCULE.
(*fig.* 19.)

On pourrait donner toute autre dénomination, à ce groupe placé vis-à-vis de Castor et Pollux. Rien n'y caractérise décidément Bacchus et Hercule. Il n'y a ici du premier que sa couronne de lierre ; et du second qu'une petite peau qui ressemble un peu à celle d'un lionceau. Ce pourrait être tout simplement un vieux berger, enseignant à un jeune pâtre l'usage qu'il doit faire, de l'espèce de gobelet à pié qui paraît dans sa main, et du chalumeau qui est près de lui contre un arbre.

Quoi qu'il en soit, arrêtons-nous un moment devant ce morceau de sculpture, aussi gracieux que délicat.

Je ne dis rien du jeune homme ; d'autres statues d'Hercule ameneront mieux quelques détails sur ce héros. Je parlerai en ce moment du personnage que sa couronne de lierre fait prendre pour Bacchus.

C'était encore un fils de Jupiter. Sémelé, fille de Cadmus et de Thébé, en fut la mère.

Que de remarques il y aurait d'abord à faire sur les idées bizarres et inconvenantes que les anciens se faisaient de la divinité ! Que de choses à dire sur ce Jupiter , père de tous les Dieux , et séducteur de toutes les femmes , foudroyant les vicieux et donnant l'exemple de tous les vices !... Mais avec la mythologie , on ne raisonne pas , il ne faut que raconter.

Sémelé desira de voir son amant avec l'entourage de sa gloire , soit que cette fantaisie lui vînt d'elle-même , soit qu'elle lui fût suggérée par Junon , qui se vengeait sur ses rivales , des infidélités de son époux.

Jupiter parut donc aux yeux de Sémelé , dans toute la splendeur de la majesté divine ; elle ne put en soutenir l'éclat , et mourut consumée dans des torrents de feu. Cependant l'enfant qui devait la nommer sa mère , n'avait encore que quatre mois ; Jupiter le retira du sein maternel , et le plaça dans sa cuisse , pour y prendre l'accroissement nécessaire ; et ce fut lui qui , après le neuvième mois , accoucha de Bacchus. Minerve était sortie de son cerveau, que Vulcain ouvrit d'un coup de hache ; Bacchus sortit de sa cuisse.

Ce fils le servit bien dans la guerre des géants contre l'olympe ; transformé en lion, il en dévora plusieurs. Il fit ensuite la conquête de l'Inde, et vint en Egypte, où il enseigna l'agriculture et l'art de cultiver la vigne.

Il est plus connu sous ce dernier rapport ; par-tout il était révéré comme le dieu du vin.

On lui immolait des boucs, à cause du dégât que ces animaux font dans les vignes. Le pampre et le lierre qui lui étaient consacrés, servaient d'ornement au thyrse ou bâton qu'il portait à la main. Son char était attelé de Tigres, de Lynx ou de Panthères. Son front, ordinairement couronné de raisins ou de lierre, paraît quelquefois sur les monuments, armé de cornes, simbole (1) de sa force.

Pour nourricier il avoit eu Silène, que l'on peint dans l'état d'une yvresse habituelle.

Les fêtes de Bacchus se nommaient bacchanales ; des prêtres yvres, des bacchantes échevelées, et à demi-nues, étaient les ministres de ces solemnités dont la débauche la plus grossière devenait toujours le résultat.

Le côté droit de la grande allée nous appelle encore. Quelques personnes trouveront peut-être que la sculpture a trop prodigué ses bienfaits à ce jardin ; mais au lieu de nous plaindre de l'excès de nos richesses, attachons-nous à les connaître. On ne peut trop offrir de modèles aux artistes, et de jouissances aux amateurs.

---

(1) *Tu spem reducis mentibus anxiis,*
Viresque et addis cornua pauperi.
Hor, *od.* 21, *lib.* 3.

L'AMOUR VAINQUEUR DU CENTAURE.
(*fig. 24.*)

Les centaures sont des personnages fantastiques, moitié hommes, moitié chevaux. On les fait naître d'Ixion et de la nue qu'il embrassa, croyant embrasser Junon même.

Un de ces centaures, nommé Chiron fut l'instituteur d'Achille, qu'il nourrit de moëlle de Lion.

Les centaures eurent, aux noces de Pirithoüs, une grande querelle avec les Lapithes, peuples de la Thessalie, et ils y furent battus par Pirithoüs et son ami Thésée. Hercule acheva leur défaite.

Ici un de ces monstres est subjugué par l'amour qui lui a lié les mains, et qui paraît assis sur son dos, avec un air de triomphe.

L'amour se reconnaît aisément à

ses aîles et à la flêche qu'il tient à la main droite.

Son vrai nom est Cupidon. Né de Mars et de Vénus, il devint bientôt le maître du monde, et soumit Jupiter lui-même.

Sa victoire sur le centaure n'est qu'un de ses jeux.

« Cupidon, dit Noël, dans son ex-
» cellente mythologie, est ordinai-
» rement représenté nud, sous la
» figure d'un enfant de 7 à 8 ans,
» l'air désœuvré, mais malin, pour
» montrer que l'amour n'a rien à lui;
» armé d'un arc et d'un carquois,
» symbole de son pouvoir, quelque-
» fois d'une torche allumée; cou-
» ronné de roses, emblême des plai-
» sirs délicieux, mais rapides qu'il
» procure. Tantôt il est aveugle et
» les yeux couverts d'un bandeau:
» car l'amour ne voit point de dé-
» faut dans l'objet aimé; tantôt il

» tient une rose d'une main et un
» dauphin de l'autre , etc.

A Chantilly il est, où il était, représenté, sans ailes, sans carquois
et tenant à la main un cœur. Ces
vers charmants se lisaient sur le piédestal :

> N'offrant qu'un cœur à la beauté,
> Aussi nud que la vérité,
> Sans armes, comme l'innocence,
> Sans ailes, comme la constance :
> Tel fut l'Amour au siècle d'or.
> On ne le trouve plus, mais on le cherche
> encor.

LES LUTTEURS. (*fig.* 27.)

Ce groupe qui correspond à celui
du centaure, est à gauche en suivant
la grande allée , et représente deux
lutteurs. On en admire les détails, les
attitudes, la force d'expression, la
vérité anatomique.

La lutte faisait partie des jeux olympiques et isthmiques, c'est-à-dire, qui se célébraient à Olympie tous les quatre ans, et tous les trois ans à l'isthme de Corinthe.

Permettez-moi de vous rapporter ce que dit le jeune Anacharsis, d'une de ces luttes dont il fut témoin aux jeux olympiques : il semble avoir fait la description de la lutte qui fixe nos regards.

» On se propose dans cet exercice
» de jetter son adversaire par terre,
» et de le forcer à se déclarer vaincu...
(Il n'était pas permis de le frap-
» per). Aussitôt un Thébain et un
» Argien s'avancent dans le stade. Ils
» s'approchent, se mesurent des yeux
» et s'empoignent par les bras : tan-
» tôt appuyant leur front l'un contre
» l'autre, ils se poussent avec une
» action égale, paraissent immobiles
» et s'épuisent en efforts superflus ;
» tantôt ils s'ébranlent par des se-

» coasses violentes , s'entrelacent
» comme des serpents , s'allongent ,
» se raccourcissent , plient en avant ,
» en arrière , sur les côtés. Une sueur
» abondante coule de leurs membres
» affaiblis. Ils respirent un moment ,
» se prennent par le milieu du corps ;
« et après avoir de nouveau employé
» la ruse et la force , le Thébain en-
» lève son adversaire , mais il plie
» sous le poids : ils tombent , se rou-
» lent dans la poussière , et repren-
» nent tour-à-tour le dessus. A la
» fin , le Thébain , par l'entrelace-
» ment de ses jambes et de ses bras ,
» suspend tous les mouvements de son
» adversaire qu'il tient sous lui , le
» serre à la gorge , et le force à lever
» la main pour marque de sa dé-
» faite.

» Ce n'est pas assez néanmoins
» pour obtenir la couronne ; il faut
» que le vainqueur terrasse au moins
» deux fois son rival ; et communément

» ment, ils en viennent trois fois aux
» mains ».

La Grèce avait des écoles publiques appelées *Palestres*, où des maîtres enseignaient la lutte aux jeunes-
gens, comme les Anglais ont des
professeurs dans l'art de boxer ou de
se battre à coups de poings.

Les symboles des lutteurs étaient
la fiole d'huile dont ils se servaient
pour se faire oindre le corps, et le
strigil ou étrille qu'ils employaient
à se nettoyer la peau, après s'être
roulés sur l'arène.

Ceux-ci, dont l'original orne la
galerie de Florence, ont été copiés
d'après l'antique par Laurent Ma-
gnière, que ses talents ont placé au
rang des premiers artistes du grand
siècle. Il mourut à Paris en l'an 1700,
à l'âge de 82 ans.

I

CLÉOPATRE.

A peu de distance des lutteurs, dans un enfoncement pratiqué sous l'escalier à double rampe, qui mène à la terrasse de l'eau, est un superbe bronze que je crois des frères Keller.

C'est Cléopâtre, couchée et dormant du sommeil de la mort, que vient de lui procurer l'aspic qu'on voit encore entortillé à son bras gauche.

Cléopâtre régna en Egypte, d'abord avec son frère qui, trahissant bientôt les dispositions du père commun, écarta sa sœur, d'un trône qu'il voulait occuper seul.

Cléopâtre y fut rétablie par César; mais son frère étant mort peu de tems après, elle régna seule, ou n'eut pour collègue qu'un enfant de 11 ans.

Après le meurtre de César qui

l'avait aimée, et dont elle avait eu un fils nommé Césarion, elle fut citée devant Marc-Antoine.

Ce triumvir venait de vaincre à Philippes, et il était à Tarse, ville de Cilicie, située sur le fleuve Cidnus, où Alexandre faillit à perdre la vie, pour s'y être baigné mal à propos.

Cléopâtre s'y rendit sur une galère dont les voiles étaient de pourpre, les rames revêtues de lames d'argent, les cordages garnis de perles, le pont couvert de jolis enfants transformés en amours. La reine elle – même y brillait entourée de Grâces et de nymphes. C'était Vénus sortant du sein de l'onde.

Quel n'est pas l'empire de la beauté! Celle qui ne devait paraître qu'en accusée devant Antoine, arrive en souveraine; il tombe à ses genoux; le juge devient amant; et au lieu de prononcer la sentence, c'est lui qui demande grâce.

Cléopâtre le suivit à la bataille navale d'Actium ; on croit même qu'elle y causa ou accéléra sa défaite, en donnant l'ordre à ses galères de retourner en Egypte, au moment où l'action était la plus vive. Le triumvir, alors, sacrifiant la gloire à l'amour, suivit lâchement sa maîtresse, et laissa l'empire du monde à cet Octave – Cépias qui, sous le nom d'Auguste, fut le second des Césars.

Celui – ci poursuivit son rival en Egypte ; mais l'efféminé Antoine, n'ayant pas le courage de se défendre, eut à peine celui de mourir : il se fit percer de son épée par un de ses esclaves.

Cléopâtre attendit Auguste. Elle essaya sur lui des charmes qui, jusqu'alors, avaient eu tant de pouvoir : il les dédaigna, moins jaloux de lui devoir quelques instants de plaisir, que d'en faire à Rome l'ornement de son triomphe.

La reine soupçonna son dessein et voulut le prévenir. Trop fière pour aller, chargée de chaines, dévorer à la suite du triomphateur, une ignominie pire que la mort, elle résolut de terminer sa vie.

Mais comme Auguste la faisait garder à vue, elle usa d'artifice. Elle demanda des figues, en faisant dire au jardinier qui devait les apporter, de cacher un aspic au fond de la corbeille.

Elle fut obéie. L'aspic s'élança du panier, lui piqua le sein et priva Auguste du plaisir de traîner après son char de victoire, une reine célèbre, qui avait déjà subjugué deux des maîtres du monde.

La mort de Cléopâtre arriva trente ans avant Jesus-Christ. Elle en avait quarante-neuf.

Je dois avertir, en finissant cet artide, que beaucoup d'artistes et d'antiquaires ne voient point Cléopâtre, dans la figure que nous venons d'examiner.

Elle est pour eux, Ariadne abandonnée par le perfide Thésée qu'elle avait aidé à vaincre le minotaure, et à sortir du labyrinthe. Elle leur parait ici couchée sur les rochers de l'ile de Naxos où elle fut délaissée, et où Bacchus vint la consoler de la fuite d'un parjure. L'aspic qui entortille la partie supérieure du bras gauche, n'est aux yeux de ces connaisseurs vrais ou prétendus, qu'un brasselet en forme de serpent d'une petite espèce, que les anciens nommaient *Ophéis*.

D'autres prennent cette figure pour celle d'une nymphe, ou de Sémélé, ou même de Vénus endormie, etc.

On ne peut donc trop inviter les sculpteurs à donner un caractère

bien prononcé aux figures qu'anime leur ciseau. Je sais que la sculpture est, à cet égard, moins féconde en moyens que la peinture, sa sœur ; mais où est l'impossibilité de mêler au sujet principal quelques accessoires qui le distinguent essentiellement ? Pourquoi même, afin d'épargner des recherches fatigantes, ne pas graver sur la plinthe, le nom de la statue, ou le sujet du groupe, comme l'a fait Théodon ? Le spectateur qui n'aime pas à deviner des énigmes, ne s'écrierait plus avec Boileau :

J'aimerais mieux encor qu'il déclinât son
    nom,
Et dit : je suis Oreste ou bien Aga-
    memnon,
Que d'aller, etc.

SILÈNE ET BACCHUS. *(fig. 29.)*

Ce groupe offre à l'œil un homme d'environ quarante à cinquante ans, couronné de lierre, tenant dans ses bras un jeune enfant qui lui sourit, et dont la main droite va saisir une peau de lion jettée sur le tronc d'arbre qui leur sert d'appui.

Cette peau de lion ferait d'abord penser qu'il s'agit ici d'Hercule ; mais il n'est rien dans le reste du groupe, qui indique ce demi-dieu.

L'enfant est Bacchus. Sa main qui s'étend vers la dépouille du roi des forêts, annonce qu'un jour, sous cette forme, il combattra les Titans et vengera Jupiter, son père.

L'homme qui le soutient est évidemment Silène. On le reconnaît à sa couronne de lierre, à ses larges oreilles, à son nez épaté et à sa petite queue qu'on ne voit point aux figures d'Hercule.

Silène, fils de Pan et d'une nymphe, était effectivement de cette classe d'hommes à queue que l'on nommait satyres.

L'éducation du fils de Sémelé et de Jupiter lui fut confiée. Il vient de le recevoir ; il le regarde avec intérêt. On dirait que, fier de ses nouvelles fonctions, il promet de les bien remplir.

Il suivit son élève dans la conquête des Indes. Malheureusement on en fait le Sancho-Pança de ce nouveau Don Quichotte, car on le peint toujours sur un âne, avec la contenance d'un homme qui, pour avoir trop bu et trop mangé, perd souvent l'équilibre.

L'Arcadie fut le pays où il se retira, enseignant à boire aux jeunes garçons, et servant de jouet aux jeunes filles qui se plaisaient, dit

Virgile, à le faire chanter et à le barbouiller de mûres.

Le jardin du Luxembourg en offre une statue mieux caractérisée. Sous son bras gauche est une outre pleine de vin ; la main droite tient une tasse, et toute la figure respire cette franche gaîté de demi-ivresse, qui formait l'état habituel du père nourricier de Bacchus.

AGRIPPINE. (*Fig.* 30)

Cette femme que vous voyez à droite de Silène, habillée et coiffée à la romaine, comme le sont, sur les médailles, les femmes d'empereurs, est connue sous le nom d'Agrippine.

L'histoire en distingue deux : l'une épousa Germanicus, le suivit dans ses campagnes, et rapporta ses cendres à Rome, du fond de la Syrie, où il avait été empoisonné par Pison. Elle

(109)

Elle vivait sous Tibère , qui l'avait
épousée avant d'être empereur, et qui,
pour se livrer à d'autres amours, ré-
pudia cette compagne trop vertueuse
pour lui. On la représente communément ayant en main l'urne dans laquelle on la vit rapporter à Rome
les cendres de Germanicus.

Ce ne peut pas être celle dont nous
considérons la statue. La première
Agrippine n'a pas régné ; et le bâton
impérial que tient celle-ci , désigne
une femme d'empereur. Si l'on veut
que ce soit un rouleau ou cahier de
papier, il annonce une femme qui
se distingua dans l'art de parler ou
d'écrire.

Effectivement , la seconde Agrippine laissa des mémoires dont Ta-
cite avoue qu'il a profité. Elle était fille
de Germanicus et de cette première
Agrippine , dont elle ne suivit pas
les traces. Son troisième mari fut
l'empereur Claude , qu'elle empoi-

sonra pour mettre sur le trône Néron,
qu'elle avait eu d'OEnobarbus: Néron, dont le nom parait encore

Aux plus cruels tyrans, une cruelle injure.
RACINE.

Il porta l'atrocité jusqu'à faire assassiner sa mère, l'an 59 de J. C.
Elle dit au centurion chargé de ce
meurtre, et qui l'avait frappée d'un
bâton sur la tête : Ce n'est pas là que
se doivent diriger tes coups, mais
sur ce sein qui a porté un monstre
tel que Néron.

FLORE OU LE PRINTEMPS. (*fig.* 31.)

La statue suivante est celle de Flore
ou du printemps.

Nous avons parlé précédemment
de la déesse des fleurs.

Le printemps, cette saison con-
sacrée spécialement aux Muses et

aux Amours , est figuré sur les anciens monuments , tantôt comme un jeune homme , qui d'une main tient un bouquet, et de l'autre un agneau ; tantôt sous les traits d'un enfant qui montre une abeille, et caresse un paon dont la queue étoilée indique la saison des fleurs.

Il est représenté sur une urne de la villa Albani , avec les traits , l'air et l'attitude d'une jeune fille innocente, portant devant son sein , dans les plis de son vêtement, une corbeille de pois écossés.

C'est sous ce caractère , sans-doute , que le sculpteur ici a voulu rendre le printemps , en substituant avec raison , une corbeille de fleurs à un panier de pois.

Cette figure , ainsi que d'autres qui fixeront encore nos regards, finit en gaine.

On les nomme *hermes* ou *thermes.*

Sur la première de ces expressions écoutons le savant mythologue Noel.

Après avoir remarqué qu'*Hermes* est le nom grec de Mercure, il ajoute qu'on le représentait en Grèce et même à Rome, « par une figure cu- » bique, c'est-à-dire quarrée de tous » les côtés, sans piés, sans bras et » seulement avec la tête. Des bergers, » dit Servius, ayant un jour trouvé » Mercure endormi, le mutilèrent de » la sorte, pour se venger.... c'est-à- » dire, exercèrent leur vengeance sur » quelques statues de ce dieu. De-là l'u- » sage de placer ces hermès, non-seu- » lement à la porte des temples et des » maisons, mais encore dans les car- » refours. C'est de ces *Hermes* grecs, » qu'est venue l'origine des termes » que nous mettons aujourd'hui aux » portes et aux balcons de nos bâ- » timents, et dont nous décorons les » jardins publics. Suivant cette éti-

» mologie , on devrait les appeller
» plutòt *hermes* que *termes.*

Tel est aussi le nom que leur
donne *la notice des statues , bustes
et bas-reliefs du Louvre.*

Ceux qui préfèrent l'autre dénomination , la font venir des figures du
dieu Terme.

Ce sont ordinairement des pierres
quarrées , plus hautes que larges ,
n'offrant qu'une tête et des bras,
quelquefois même ne présentant
qu'une tête.

Ce dieu présidait à la conservation
des héritages. Il dut son existence à
Numa , qui veillant au maintien des
propriétés rurales , les mit sous la
garde d'une divinité. Terme fut donc
le dieu des bornes , des limites que
la cupidité ne pouvait enlever ou re-
culer, sans encourir la disgrace céleste et se voir dévouée aux furies.

Terme avait un temple ou plutôt
une chapelle sur le mont qui fut en-

suite nommé Capitolin. Quand Tarquin le superbe y fit élever à Jupiter ce temple du Capitole , si respecté et si chéri des Romains, les différents dieux qui avaient là de petits autels ou oratoires, se retirèrent, pour céder la place au maître de l'Olympe. Hébé seule , déesse de la jeunesse , et le dieu Terme n'eurent pas pour lui cette déférence, et ne voulurent point quitter leur place : c'est-à-dire, que leurs statues ne purent être enlevées. On en conclut que la destinée de Rome était d'être à jamais florissante et immuable.

VERTUMNE *ou* L'AUTOMNE. (*fig* 32.)

Le statuaire aurait pu suivre la marche ordinaire et figurer l'Automne , sous la forme d'un jeune homme tenant un panier de fruits et caressant un chien, ce qui indique la saison de la chasse et celle des présents que nous font les arbres et la vigne.

Il a préféré de modeler le Dieu même des vergers, qui devint, par supercherie, l'époux de Pomone

Cette nymphe (1) fuyait l'amour, afin d'être toute entière à ses fruits et à ses jardins pour qui elle était passionnée. Vertumne se transforma en vieille femme, devint sa compagne, flatta ses goûts, gagna sa confiance; et quand il fut assuré de son cœur, il se fit connaître et l'épousa.

On regarde comme une sorte de

____

(1) Ovide en fait une hamadryade du Latium.

. . . . Quâ nulla latinas
Inter hamadryadas coluit solertiùs hortos...
Hic amor, hoc studium ; Veneris quoque
    nulla Cupido, etc.

phénomène , ce qui pourtant ne devrait pas en être un, que jamais il
ne trahit la foi conjugale.

Arrivés l'un et l'autre à l'âge de
la caducité, ils trouvèrent le secret
de se rajeunir.

C'est ainsi que l'année se renou-
velle et que les fruits au développe-
ment et à la maturité desquels ils
président, tombent et renaissent tous
les ans. C'est même pour marquer les
différentes phases de l'année, qu'on
a fait tour-à-tour de Vertumne , un
laboureur , un moissonneur , un vi-
gneron , et une vieille femme.

Son nom latin (Vertumnus) vient
du mot *vertere* changer , tourner.
De là vient qu'on a souvent surnommé Vertumne, d'autres personnages que l'époux de Pomone , tels
que Protée, Ach loüs , Periclymène
qui savaient paraître sous différentes
formes.

Ici Vertumne est représenté au

moment où, levant son masque de vieille, il se découvre à Pomone.

La figure se termine en gaine ou en hermes, comme la précédente.

Vertumne était, dit-on, un roi d'Etrurie, grand amateur des vergers. Son culte passa, des Etrusques chez les Romains. Il avait un temple à Rome, sur la place où s'assemblaient les marchands.

SCIPION. (*fig.* 55.)

Tel est le nom que l'on donne à la figure suivante, qui est un des chefs-d'œuvre de Nicolas Coustou.

Ma première idée fut d'y voir l'image de César; et ce qui motivait mon opinion, c'est d'abord cette couronne de laurier, que les généraux ne portaient qu'au jour de leur triomphe, et dont un décret du sénat permit à César d'user en tout temps, afin de couvrir son front chauve.

Ce sont ensuite les trois caractères gravés sur le bouclier du général que nous considérons. Ces caractères forment trois *v* ou *u* consonne. Ils me rappellaient le style laconique dont se servit César, pour annoncer au sénat, sa conquête du royaume de Pont, où régnait alors Pharnace ; elle ne lui avait coûté qu'un jour ; il en rendit compte en trois mots : *veni*, *vidi*, *vici*.

Si ce n'est pas là César, que veulent dire ces trois répétitions de la même lettre, sur le bouclier de Scipion ?

Mais puisqu'enfin c'est le dernier que l'on veut voir ici, il faut vous en dire un mot.

Ce grand homme, surnommé l'Africain, fut le plus illustre guerrier de son siècle. A dix-huit ans, il sauva la vie à son père, sur les bords du

Tésin, où l'on combattit contre Annibal. Il fut nommé Edile à vingt-un ans, quoiqu'à Rome on ne pût entrer dans les grandes charges qu'à vingt-sept. L'édile avait la police des rues, et sur-tout l'obligation coûteuse de donner des jeux au peuple. A vingt-quatre ans, il eut le commandement des troupes en Espagne; Carthagène fut prise en un jour.

C'est-là qu'il trouva cette jeune et belle Espagnole que ses soldats lui amenèrent, comme le prix le plus flatteur de sa conquête. Scipion apprit qu'elle était promise à un chef des Celtibériens, nommé Allucius; et quoiqu'il fût, suivant la remarque d'un historien, jeune, vainqueur et sans épouse; il la rendit à son amant. « Je vous l'ai gardée avec soin, lui » dit-il, pour que le présent que je » voulais vous en faire, fût digne de » vous et de moi. Soyez ami de la

» république ; voilà toute la recon-
» naissance que j'exige.

Les parents de la jeune fille avaient apporté une somme considérable pour sa rançon ; il ne la prit que pour l'ajouter à la dot.

On a fait de ce trait-là, un fort beau tableau, vulgairement appellé *la continence de Scipion.*

Après la conquête de l'Espagne, il alla commander en Afrique, où il gagna contre Annibal, la célèbre bataille de Zama, qui coûta la vie à vingt mille Carthaginois.

De retour à Rome, il fut accusé par les tribuns, trop jaloux de leur autorité pour ne pas en vouloir à quiconque pouvait la balancer. Les deux plus ardents se nommaient Pe-tilius. Ils étaient même excités par le sévère Caton, qui ne voyait pas s'élever un grand homme, sans craindre pour la liberté publique.
Scipion

(121)

Scipion parut devant l'assemblée
du peuple ; et là , sans daigner ré-
pondre aux accusations dirigées
contre lui : « Romains, s'écria-t-il,
» à tel jour qu'aujourd'hui , les dieux
» m'ont accordé la victoire sur An-
» nibal ; allons leur en rendre graces ».

· La foule le suivit au Capitole , et
les tribuns restèrent seuls au *Forum*.

Enfin , las d'avoir à combattre
l'envie ; rassasié de gloire et cherchant
cette tranquillité que l'on desire
même quand on la fuit , il se retira
dans la Campanie , à *Liternum*, où
il mourut l'an 180 avant J. C.

L'histoire raconte que se trouvant
avec Annibal , chez Prusias , roi de
Bythinie , ce général mit Alexandre
et Pirrhus au premier et au second
rang des grands capitaines. *Quel est
le troisième?* demanda Scipion. *Moi*,
reprit fièrement Annibal. *Et si vous
m'aviez vaincu ?* continua le général

L

Romain. *Je me placerais*, dit aussi-
tôt Annibal, *avant les deux autres.*

A N N I B A L. (*fig. 34.*)

Cette statue est de l'autre côté de
l'allée, à l'opposite de celle de Scipion.

On la doit au ciseau expressif et
vigoureux de Sébastien Slodtz, qui
l'acheva en 1722.

Sébastien Slodtz, élève du célèbre
Girardon, était né à Anvers, et
mourut à Paris en 1728.

Son fils, René-Michel, surnommé
Michel-Ange, hérita des grands ta-
lens de son père.

Ses attitudes sont souples, ses
draperies vraies, ses desseins par-
faits. Le mausolée (1) du curé

---

(1) Je dirai pour l'instruction des jeunes
personnes, que ce nom donné en général, aux

de Saint-Sulpice, Languet, aurait suffi pour éterniser son nom. Qu'est devenu ce beau monument ? Le génie des arts le cherche et verse des pleurs....

Revenons à Annibal. Il était Carthaginois; dès l'âge de neuf ans, son père lui fit jurer une haine éternelle aux Romains.

Il tint son serment, traversa l'Espagne et les Gaules, franchit les Alpes, où il perdit un œil, descendit en Italie, battit les Romains au Tésin, à la Trébie, au lac de Trasymène, enfin à Cannes.

Cette dernière bataille est une des plus mémorables que citent les an-

---

monuments funèbres qui ont de l'importance, vient du superbe tombeau qu'Artémise, reine de Carie fit construire à *Mausole* son époux : tombeau que l'on comptait parmi les sept merveilles du monde.

nales de la guerre. Rome y perdit quarante mille hommes ; un de ses consuls y fut tué ; près de six mille chevaliers y périrent. On sait que l'anneau était la marque distinctive de l'ordre équestre. Annibal en envoya trois boisseaux à Carthage, pour preuve de sa victoire.

Telle est l'époque qu'a choisie le statuaire.

De la main gauche, le héros semble compter ces anneaux, dont il a déjà rempli le vase placé près de lui ; de la droite, il tient renversée la principale enseigne des légions : son pied foule une aigle abattue et mourante.

On a fait un reproche au vainqueur, de n'avoir pas conduit sur-le-champ, son armée vers les rives du Tibre. Il la cantonna dans la Campanie, où les délices de Capoue l'énervèrent. En laissant respirer Rome, il lui laissa reprendre des forces.

Depuis ce moment, il n'éprouva

que des disgraces. Rappelé à Carthage , battu par Scipion , persécuté
par ses concitoyens, il se réfugia dans
l'Asie, d'abord à la cour d'Antiochus,
ensuite dans celle de Prusias , où ,
craignant que ce roi faible ne le li-
vrât aux Romains qui le demandaient , il s'empoisonna l'an 183
avant Jésus-Christ.

Peu de généraux ont excellé ,
comme lui, dans l'art militaire. De
quel génie n'eût-il pas besoin, soit
pour conduire à travers mille dangers,
jusques dans le cœur de l'Italie , un
assemblage d'hommes divisés d'inté-
rêts , d'Africains , d'Espagnols , de
Gaulois , de vagabonds ; soit pour les
y faire subsister, combattre et vaincre, pendant le cours de dix-sept
années , sans recevoir de Carthage
aucun secours d'armes , d'hommes
ou d'argent ?

La plus forte preuve qu'il fut un
grand général , c'est que Rome le

poursuivit dans toutes les contrées
où il chercha un asyle, et qu'elle ne
cessa de le craindre, que lorsqu'il
eut cessé de vivre.

L'HIVER. (*fig.* 55.)

Un coup-d'œil sur cette statue en
gaine, où *Hermès* dispense d'en faire
la description.

Un vieillard, enveloppé d'une
ample draperie qui lui couvre même
la tête, chauffe sa main droite sur
un réchaud qu'il tient de la main
gauche.

C'est ainsi qu'on représente l'hiver.

D'autrefois on nous offre cette
divinité, qui préside aux frimats,
sous la figure d'une femme couverte
de peaux d'animaux, et placée auprès d'un grand feu.

D'autrefois, encore, sous la forme
d'un homme à la chevelure et à la

barbe blanches, chargé de glaçons et dormant dans une grotte.

Un sanglier, une couronne de branches sèches, une chasse, une pomme de pin, sont encore autant d'emblêmes de l'hiver.

CÉRÈS OU L'ÉTÉ. *(fig.* 36. *)*

C'est ici la déesse des moissons ; par conséquent, la divinité qui caractérise le mieux la saison opposée à l'hiver.

Une gerbe d'épis est sous son bras : ils forment également sa couronne ; elle en tient même, avec la faucille, dans sa main gauche.

Cérès était fille de Saturne et de Cybèle : la fable la fait voyager avec Bacchus. L'une enseignait aux hommes à cultiver le blé, à le recueillir, à le moudre, à en faire du pain pour remplacer le gland, dont se nourris—

saient les premiers habitants de la terre ; l'autre leur apprenait à travailler la vigne, et à en extraire cette liqueur qui, mieux que l'eau, dit Horace, fait les héros et les poëtes.

De Cérès et de Jupiter naquit Proserpine qu'enleva Pluton, et qui partagea l'empire des enfers avec elle. Il l'avait apperçue lorsque, dans les riches plaines d'Enna en Sicile, elle cueillait des fleurs avec ses compagnes. Aussitôt il la prend sur son char traîné par des chevaux noirs, et l'entraîne dans les royaumes sombres.

Cérès ne voyant pas revenir sa fille, n'oublia rien pour la trouver : on la vit allumer des flambeaux au feu de l'Etna (1), et parcourir la Si-

____

(1) Cette montagne de Sicile est fameuse par son volcan. La fable suppose que les

cile , étourdissant les échos de ses cris. Elie passa jusques dans l'Attique , où elle fit connaître à Triptolême, qui régnait dans cette contrée , l'usage de la charrue.

Enfin, elle apprit de la nymphe Aréthuse l'enlèvement de sa fille par Pluton. Que ne peut une mère ? Elle alla chercher Proserpine jusques dans les enfers. Mais celle-ci, à qui son mari avait su plaire, prouva que tous les lieux sont égaux, près de l'objet qu'on aime. Elle refusa de suivre Cérès : il fallut que Jupiter la décidât à ne passer que six mois, chaque année, avec son époux, et à donner les six autres à Cérès sa mère.

C'est ce retour qui a inspiré à l'abbé de Bernis les vers suivants :

Ciclopes en habitaient l'intérieur, et y forgeaient des foudres à Jupiter.

Qu'il est doux en quittant Cerbère,
De retrouver le monde heureux,
Par les seuls bienfaits de sa mère !
Belle Proserpine ! à tes yeux,
Déjà la moisson est tombée
Sous la faucille recourbée
Du moissonneur laborieux.
Ici les gerbes dispersées
Couvrent la face des guérets ;
Plus loin les meules entassées
Elèvent un trône à Cérès, etc.

Son plus beau temple était à Eleusis, ville de l'Attique.

Là se célébraient ces mystères, ces initiations sur lesquelles l'antiquité a toujours gardé le silence. Trahir un tel secret eût été un crime digne de mort. On conjecture seulement que l'objet de l'initiation était d'arracher les hommes à cette foule de préjugés qui égaraient la multitude ; de les éclairer sur la formation du monde et sur la nature du grand être qui l'a créé ; de conserver, en un

r mot, les vraies notions de la divi-
x nité, ainsi que des hommages qu'elle
» exige et des devoirs qu'elle prescrit.

On voulait des vertus dans les
i initiés.

Néron, tout empereur qu'il était,
ne put se faire admettre parmi eux :
il s'était souillé du meurtre de sa
mère.

Au reste, ces solemnités se-
crettes (1) n'avaient rien de commun
avec les fêtes nocturnes qui se célébraient à Rome en l'honneur de
Cérès, et durant lesquelles des femmes en désordre couraient les rues,

____

(1) On peut voir sur les initiations, ce
que l'abbé Terrasson en a dit, dans son ro-
man de Sethos ; et ce qu'en a dit également
Warburthon dans son ouvrage sur la vérité
du Christianisme. M. de Silhouette en a
fait un extrait en 2 vol. sous ce titre : Union
de la religion, de la morale et de la po-
litique.

portant des torches allumées pour imiter la déesse dans ses courses.

On la représentait comme l'a ici rendue le statuaire. Jamais de fleurs sur sa tête, à moins que ce ne fussent des pavots ou des bleuets, parce qu'ils croissent parmi les blés; mais toutes les autres fleurs étaient écartées de ses images et de ses autels. La raison qu'on en donne, c'est que Proserpine, sa fille, cueillait des fleurs, lorsqu'elle fut enlevée.

Les peintres donnent souvent à Cérès une draperie jaune, pour rappeller les *blonds épis* et *l'or des moissons.*

LA VESTALE, *ou plutôt* VÉNUS DU LIBAN. (*fig.* 37.)

C'est ici qu'il faut s'arrêter, voir, revoir et admirer; et si l'on s'éloigne, revenir et admirer encore.

Cett

Cette statue est la mieux travaillée de toutes celles des Tuileries. Attitude, draperie, air de tête, expression, contours, ensemble, détails, tout en est beau.

Elle a été exécutée à Rome d'après l'antique ; mais on convient généralement que la copie (1) surpasse le modèle.

L'artiste à qui l'on doit ce chef-d'œuvre, est Pierre Legros, né à Paris en 1656, et mort à Rome en 1719.

Il offre à notre admiration une femme debout, ayant la tête et les

____

(1) « Celle de M. Legros est plus belle que
» l'original même. Il l'a rendue plus gra-
» cieuse, sans lui rien ôter du grand carac-
» tère qui s'y trouve. Il a conservé la dis-
» position des plis, et les a seulement tenus
» plus larges, il a aussi mieux traité les
» cheveux. »

DARGENVILLE. *Vies des fameux Sculpteurs.* T. II. 275.

M

bras nus, couverte d'une robe à longs plis, que des agraffes attachent sur chaque épaule. Son bras droit, soutenu au coude par le bras gauche, est élevé à la hauteur de son menton. On dirait qu'elle réfléchit profondément.

C'est ce qui la fait regarder par quelques personnes comme la divinité du Silence. Mais le caractère propre du Silence est d'avoir un doigt sur la bouche ; et quoiqu'il se figure quelquefois par une femme appellée *Muta*, il est presque toujours présenté sous l'air d'un jeune homme à qui l'on donne le nom d'Harpocrate.

D'autres personnes voient ici la Méditation, la Réflexion, la Pensée. Elles peuvent n'avoir pas tort ; mais comme les anciens nous ont laissé fort peu de figures allégoriques de ce genre, sans même leur imprimer un caractère bien prononcé, je pense qu'il faut donner un autre nom à cette belle statue.

Les faiseurs de notices la désignent sous celui de la *Vestale*; l'Académie des Inscriptions la nommait *Vénus du Liban*, *Vénus rêveuse*, *Vénus à la triste pensée*.

Vesta, fille de Saturne et d'Ops ou Cybèle, était la déesse du Feu.

Son culte consistait principalement dans l'entretien de ce premier des éléments, qui produit et conserve tous les êtres, et sans lequel tout périrait.

Ce feu était appelé sacré, parce qu'il brûlait sans cesse sur les autels de Vesta.

Le soin en était confié à des Vierges choisies dans les premières maisons de Rome, depuis l'âge de six ans jusqu'à dix. C'était des espèces de religieuses, qui n'étaient rendues à leurs familles qu'après trente années de service dans le temple.

Le premier de leurs devoirs était de conserver leur chasteté ; le second d'alimenter le feu sacré , jour et nuit

Si le feu venait à s'éteindre , la consternation était générale dans Rome : on s'y croyait menacé des plus grandes calamités ; et les alarmes ne cessaient , qu'après avoir obtenu un feu nouveau , que les prêtres se procuraient , en tournant avec rapidité , une tarière , dans une pièce de bois propre à s'enflammer promptement.

C'est ainsi que les Sauvages allument encore du feu , quand ils n'en ont plus.

L'inattention de la Vestale était punie , non de la mort , comme bien des gens le pensent , mais de la peine du fouet.

La mort était réservée pour celles

qui avaient cédé à l'amour ; et quelle
mort ! On frémit d'y songer. La
Vestale était ensevelie vivante dans
un tombeau ; elle y descendait au
milieu des cérémonies les plus ef-
frayantes ; les bourreaux y plaçaient
près d'elle une lampe , un peu d'huile ,
un pain , de l'eau et du lait ; puis on
scellait la tombe sur sa tête, de manière qu'elle ne pût pas être ouverte.
Souvent par un excès d'atrocité, que
rien n'excuse, on y renfermait aussi
l'enfant à qui elle avait donné le
jour.

Pendant le cours de onze cents ans
que dura le culte de Vesta , on ne
cite que vingt vestales qui aient trahi
leur vœu de virginité. Treize périrent
de ce supplice affreux qu'on ne peut
décrire sans frissonner. Les sept
autres subirent différents genres de
mort.

Au reste, elles avaient, dans les
égards de leurs concitoyens , un de—

dommagement , s'il en est , au célibat rigoureux qui leur était imposé. Une Vestale trouvait-elle sur son chemin un criminel marchant au supplice? il obtenait sur-le-champ sa grace , si la vestale affirmait que la rencontre était fortuite. Dans les rues où cependant on les voyait très-peu , un licteur les précédait ; le consul, à leur aspect s'arrêtait et baissait ses faisceaux. La première place leur était assignée aux jeux publics etc.

Revenons à notre statue. Elle a des cheveux ; on les coupait aux vestales. Ce ne fut que sur la fin du règne d'Auguste , qu'elles se permirent de les laisser croître.

Leur tête était enveloppée d'un voile dont les plis se multipliaient autour du cou et sur la poitrine : celle-ci a la tête absolument nue.

Ses deux bras aussi sont nus , et le sein gauche est absolument découvert.

D'ailleurs , l'habillement est grec.

Ce n'est donc pas ici une de ces vestales qui vivaient à Rome, dans une retraite austère, pour qui la modestie était un devoir, et l'oubli de la pudeur un crime.

Ce n'est donc pas non plus Véturie, mère de Coriolan, ainsi que d'autres personnes l'ont pensé.

« L'habit grec de cette figure, dit » M. Millin (1), ne convient pas à » une dame romaine.

Il la regarde *comme une Polymnie, qui est représentée ainsi sur beaucoup de monuments.*

Je préfère à ces divers sentiments, celui de l'académie des inscriptions et belles-lettres, qui décida que c'était *Vénus du Liban*, Vénus *rêveuse* ou à la *triste pensée*.

C'est ainsi en effet qu'elle était

____

(1) Description des statues des Tuileries, pag. 97.

honorée à Byblos et au mont Liban , sous le nom de Vénus *Architis*.

Dans la description que Macrobe nous a laissée de la statue qu'on y avoit élevée à cette déesse , on voit qu'elle était habillée ; qu'elle avait l'air triste , *specie tristi;* et que sa tête s'appuyait sur sa main droite.

On sait la cause de cette grande affliction. Le bel Adonis , né du commerce incestueux de Cinyre , roi de Cypre , avec sa fille Mirrha , aimait beaucoup la chasse; et il s'y livrait dans les forêts du Liban , chaîne de montagnes qui est placée sur les confins de la Phénicie et de la Syrie , et que l'on renomme pour la beauté de ses cédres.

Vénus y vit ce jeune prince ; elle brûla pour lui. Mars aussi-tôt , jaloux des bontés que la déesse prodiguait à son rival , se transforma en sanglier , et lui fit dans le haut de la cuisse , une blessure mortelle.

(141)

D'autres mythologues prétendent
que le sanglier fut envoyé par Diane,
à la prière de Mars.

Adonis blessé, fut porté dans les
bras de Vénus qui le cacha long-
temps sous des laitues, et fini par
le métamorphoser en Anémone.

Cette perte la plongea dans le deuil,
les larmes, la rêverie.

Telle nous la retrace la statue qui
est sous nos yeux. Quoique rêveuse,
c'est encore Vénus ; elle n'enflamme
point, mais elle intéresse.

Divinité des cœurs sensibles, cette
Vénus affligée a peut-être encore plus
d'adorateurs, que la Vénus entourée
des Jeux et des Ris. Quel homme à
trente ans, quelle femme à vingt-cinq,
n'a pas déjà bû, chez l'Amour, dans
la coupe du malheur, et n'a pas à
pleurer quelque perte ou quelque in-
fidélité cruelle ?

BACCHUS. (*fig.* 38.)

Près de *Vénus à la triste pensée*, est une statue de Bacchus dans la fleur de l'âge. On reconnait le dieu du vin, à sa couronne de lierre , aux raisins que presse sa main gauche, au cep de vigne chargé de grappes , qui entoure l'arbre sur lequel s'appuie le dieu ; enfin, à la nébris ou peau de chevreuil, négligeamment jettée en écharpe sur son épaule, de gauche à droite.

Nous avons déjà remarqué que les boucs , les chèvres et tous les animaux de cette classe, étaient odieux à Bacchus, à cause du dégât qu'ils commettent dans les vignes.

Les antiquaires nomment *Nebris* cette dépouille de daim et de chevreuil que l'on apperçoit sur quelques statues.

DÉESSE PATELLAIRE.

Plus loin, on voit adossée à la muraille une statue de femme, dont le caractère n'a rien de décidé. Dans sa main gauche est un petit plat, patelle ou patere ; et la droite, assez élevée, tient un rouleau de papier, ou plutôt ce bâton que les artistes appellent *radius*, qui annonçait un chef quelconque, et qui servait à commander certains mouvemens, certains exercices, à peu-près comme le bâton d'un maître d'orchestre dirige la marche des instrumens.

Je la nomme *déesse patellaire*, en adoptant une expression de Plaute qui appelle *Dii patellarii*, dieux des plats, ceux qui dans les repas présidaient aux libations, ou qui en étaient l'objet.

Les libations étaient fréquentes chez les anciens. Il ne se faisait par-

mi eux , rien d'important qui ne
commençât par elles : traités de paix ,
déclarations de guerre , délibérations
graves, mariages, funérailles, voyages
de long – cours , grands repas ; tout
était précédé ou accompagné de libations. C'est – à – dire d'hommages
offerts aux dieux , pour les rendre
favorables à l'entreprise.

Elles se faisaient de deux ma-
nières : ou l'on offrait avec solem-
nité, soit des fruits , soit d'autres
comestibles étalés sur de petits
plats appelés *Patellæ*; ou bien
l'on répandait quelques gouttes de
vin ou d'autres liqueurs sur le par-
quet , et principalement sur le foyer.
Alors on invoquait les dieux Lares,
Pénates, domestiques , c'est–à–dire
ceux qui avaient sous leur protection,
la maison et les personnes chez qui
se faisait la cérémonie : car chaque
famille, chaque ville, chaque contrée
avait ses dieux tutélaires.

Je

Je crois donc que la statue qui nous occupe, est celle d'une femme chargée du détail des libations, qui en déterminait l'ordre, la nature, et donnait le signal pour les commencer.

Arnobe parle d'une autre divinité nommée *Patella*, qui tenait de même un plat ou plutôt un couvercle, et à qui les Dieux avaient confié le soin d'ouvrir ou de découvrir les choses qui ne devaient point rester fermées ou secrètes.

Son nom avait pour racine, le mot latin *patere :* être ouvert ou découvert.

C'en est assez sur cette statue insignifiante ; fixons plutôt nos regards sur celle qui se trouve à peu de distance, et termine de ce côté-ci l'allée des orangers.

MÉLÉAGRE. (*fig. 49.*)

A son attitude, à son javelot, à son chien, et sur-tout à la hure de sanglier, on reconnaît le chasseur Méléagre.

Il était fils d'OEnée, roi de Calydon et d'Althée.

Celle-ci, après avoir mis au monde le jeune prince, vit au coin de son feu, les trois parques qui, semblables à nos fées malfaisantes, jettaient un morceau de bois dans le foyer, en disant : *que la vie de l'enfant tienne à la durée de ce tison.* Althée effrayée se lève, retire le tison du milieu des flammes, l'éteint, le cache et le garde avec soin, pour prolonger les jours de son fils.

Cependant OEnée son époux ayant fait dans la suite un sacrifice solemnel, pour remercier les Dieux d'une année d'abondance qu'ils avaient procurée à ses peuples, eut le malheur d'oublier Diane. Elle en fut irritée : et l'on sait, dit Virgile, ce que peut une femme en colère.

Notumque furens quid fœmina possit.

Diane envoya dans les bois de Calydon, un sanglier énorme qui porta de tous côtés, le ravage et la terreur.

Les princes du voisinage s'armèrent pour lui donner la chasse. Atalante, fille du roi d'Arcadie, y vint avec les autres ; elle eut même la gloire de faire la première blessure au sanglier ; Méléagre en coupa la tête qu'il offrit à la belle chasseuse.

Mais les oncles maternels de Méléagre furent jaloux de l'adresse qu'avait montrée leur neveu, ou de la préférence donnée à une princesse étrangère, qui remportait tous les honneurs de la chasse ; ils l'attaquèrent et lui ravirent la hure.

N 2

Méléagre se battit contre eux, les fit tomber sous ses coups, et rendit à son amante qu'il conduisit bientôt au pied des autels, la dépouille du sanglier dont il lui avait fait l'hommage.

Son bonheur dura peu. Althée aimait ses frères. Outrée de rage de les avoir perdus, elle oublia les sentiments maternels. Sœur trop passionnée et mère barbare, elle jetta dans les flammes, le tison qu'elle en avait autrefois retiré.

Il se consuma, et avec lui périt Méléagre dont une fièvre ardente brûlait les entrailles, à mesure que la flamme dévorait le tison.

Althée revenue de sa fureur, connut l'énormité de son crime, et s'en punit, en se donnant la mort.

L'Atalante dont il est ici question, n'a de commun que le nom, avec celle dont Hippomène fut le vainqueur et devint le mari.

La statue de Méléagre est encore une copie faite d'après l'antique , par cet habile, ce correct Legros, auquel il n'a manqué que d'être ancien , pour se placer au premier rang des sculpteurs.

Je ne vous ferai pas remarquer la beauté de cette allée d'orangers qui se prolonge devant la statue de Méléagre.

Je n'observerai pas non plus que cet arbre si recherché pour le parfum de ses fleurs , et la saveur de ses fruits , croît en pleine terre , sous le beau ciel de la Provence , tandis qu'à Paris il cherche un abri dans la serre , pendant sept ou huit mois de l'année.

Je n'en parlerai que sous les rapports mythologiques.

Les pommes d'or si vantées dans la fable , ne sont que les oranges dont le nom latin est *malum aureum*.

Ces pommes ornaient le jardin des Hespérides ou filles d'Hesper, qui réguait en Espagne, près des côtes d'Afrique. Un dragon gardait ces beaux fruits et ne permettait pas d'en approcher. Hercule pourtant les déroba ; mais il avait commencé par tuer le gardien.

Atlas, ainsi que nous l'avons dit ailleurs, possédait aussi des pommes semblables qui lui furent ravies par Persée.

Ce fut avec trois pommes d'or qu'Hippomène triompha d'Atalante.

Mais la plus célèbre de ces pommes est celle que jetta la Discorde, sur la table du festin, auquel Thétis et Pelée, pour célébrer leur mariage, avaient appelé toutes les divinités de l'Olympe.

Ils n'y avaient pas invité la Discorde. Cette pomme la vengea. On y lisait ces mots : *à la plus belle.* Aussi-tôt, grande querelle entre les déesses, pour obtenir le prix. Plusieurs néanmoins se désistèrent. Il

(151)

ne resta de rivales que Junon, Minerve et Vénus. Mais chacune ayant
ses partisans parmi les dieux, ils refusèrent de prononcer. Elles vinrent
sur la terre se choisir un juge.

Elles le prirent sur le mont Ida,
et ce fut le berger Pâris, fils de Priam,
occupé sur cette montagne à garder
les troupeaux de son père. Il adjugea
la pomme à Vénus.

De-là l'enlévement d'Hélène, la
guerre de Troye, l'incendie de cette
ville et tous les désastres qui en furent la suite.

PAPIRIUS ET SA MÈRE. (*fig.* 48.)

Ce groupe est à l'autre extrémité
de l'allée, près du château. Quatre
beaux vases de marbre ornent les
deux rampes entre lesquelles il est
élevé.

Il offre à l'œil une femme qui

parle à un jeune homme de treize à quatorze ans ; elle le presse de ses bras, et semble desirer une réponse satisfaisante aux questions qu'elle lui fait. Ce sont, à ce que l'on dit, Papirius et sa mère.

Cette opinion est la plus commune, quoique plusieurs auteurs ne l'adoptent pas.

Selon les uns, c'est l'Amitié et l'Amour.

Selon d'autres, Marc-Aurèle et Lucius-Verus ; quoiqu'il soit difficile de prendre la grande figure pour celle d'un homme. D'autres y voient Faustine et son fils.

D'autres, encore, Minerve et Télémaque.

Winkelmann avait d'abord vu, dans ce groupe, Phèdre découvrant sa passion à Hyppolite ; il a fini par y voir Electre et Oreste qui se reconnaissent, après avoir déposé leurs cheveux sur le tombeau d'Agamemnon.

L'habillement grec des deux figures cause son erreur, ou justifie
sa conjecture.

M. Millin croit que c'est Andromaque et Astyanax dont le sort
est si incertain. D'un côté, on pré-
tend qu'Ulisse le fit tuer après l'a-
voir arraché du tombeau d'Hector,
où il avait été caché par sa mère.
D'un autre côté, l'on dit qu'il suivit
Andromaque en Epire, chez Pyrrhus,
qui voulut, suivant Racine, épouser
la mère et tenir lieu de père au jeune
Astyanax.

Je sais tout ce que l'on peut dire
contre les divers sentiments ado-
ptés sur cette statue. Je ne dois
compte que de l'opinion la plus ré-
pandue, qui, malgré l'habit grec,
apperçoit ici Papirius et sa mère.

L'anecdote que ces deux personnages rappellent, ne se trouve racontée
par aucun historien de poids, Aulu-
gelle et Macrobe sont peut-être les

seuls auteurs qui en parlent. Le premier l'a insérée dans le recueil de ses contes du coin du feu, qu'il a intitulés Nuits attiques, *Noctes atticæ*.

Dans le tems, dit-il, où les enfants des Sénateurs étaient admis aux délibérations de ces premiers magistrats de la République, pour y prendre de bonne heure l'esprit des affaires, et se former aux grands principes du gouvernement, le jeune Papirius fut vivement questionné par sa mère, sur le sujet d'une assemblée extraordinairement convoquée.

Il se défendit long-tems; mais peut-on long-temps résister aux prières, aux caresses, aux larmes d'une mère? Il fallait absolument s'expliquer, courir le risque de sa disgrace, ou trahir le secret de l'Etat. Il imagina de tourner la chose en un badinage qui fut pris au sérieux. Le sénat, lui dit-il, discute l'importante question de savoir s'il sera permis à une femme d'avoir deux maris, ou à un mari d'épouser deux femmes.

Ce mot fut à peine prononcé, que la mère de Papirius alla en informer toutes ses compagnes. On s'agite, on intrigue, on cabale, on arrête enfin que l'on emploiera tous les moyens pour engager le sénat à décréter la pluralité des maris.

Dans ce dessein, une multitude de Romaines se trouve avant le jour à la porte du lieu de l'assemblée, et conjure chacun des Pères-conscrits d'être favorable à la cause qui, en intéressant leur sexe, devient la cause de la République même.

Les sénateurs se regardent, s'interrogent et se demandent le mot de cette énigme : Papirius la leur expliqua.

Sa discrétion, plus que sa petite ruse, reçut les éloges qu'elle méritait. On confirma son admission dans le sénat ; mais , de peur que d'autres enfants de son âge ne fussent exposés à la même épreuve , sans y échapper avec la même adresse , l'entrée du sénat leur fut interdite.

Ce Papirius est surnommé *Pretex-tatus* , pour le distinguer d'un de ses ayeux connu sous le nom de Papirius *Cursor*, qui , dans le quatrième siècle de la République , fut dictateur , et rendit à l'Etat d'importants services.

Pretextatus veut dire , enfant qui porte la robe Prétexte : c'était une robe flot'ante bordée de pourpre , dont les enfants des patriciens étaient revêtus jusqu'à l'âge de 17 ans , qu'ils prenaient la robe virile.

La terrasse des Feuillants est abso-lument dénuée de vases et de statues.

Ce nom de *Feuillants* lui vient de ce qu'elle bordait en partie, les murs d'un monastère d'hommes connus sous cette dénomination.

Il.

Ils suivaient la règle réformée de Saint-Bernard ; et la réforme ayant commencé, en 1162, par l'abbaye de *Feuillants*, au comté de Comminges, cette section de l'ordre de Saint-Bernard prit le nom de Feuillants.

C'est ainsi que les religieux de Saint - Dominique furent en France appelés Jacobins. La première maison qu'ils possédèrent à Paris, fut l'hospice Saint-Jacques, situé dans la partie haute de la rue de ce nom ; l'Université le leur donna en 1218.

Les Feuillants furent reçus à Paris en 1586.

A l'extrémité de l'allée de ce nom, du côté de l'Orangerie, est la statue d'Hercule faite par *Comino*.

HERCULE. (*fig*. 46.)

Ce héros, ou ce demi-dieu, était fils d'Alcmène, femme d'Amphy-

trion ; et il eut pour père ce Jupiter,
qui, par un contraste inconcevable,
était révéré comme le dieu souverain, et duquel, cependant, la pudeur ne peut prononcer le nom sans
rougir.

Junon, irritée des infidélités de
son époux, et voulant faire périr
Hercule, envoya deux serpents auprès de son berceau ; il les étouffa.

Ce fut-là le prélude de ses douze
travaux, que je vais simplement
énoncer ; car, si l'on voulait détailler tout ce que l'antiquité a dit
sur Hercule, appelé aussi Alcide (1).
les mille et une Nuits n'y suffiraient
pas. Il est vraisemblable que les con-
teurs d'autrefois ont réuni sur un
seul individu, toutes les actions vi-
goureuses de plusieurs hommes qui

____

(1) Du mot grec *alcé*, qui veut dire
force.

(159)

s'étaient distingués par leur courage ,
leur force et leurs succès : à-peu-
près comme l'archevêque Turpin attribue à Roland les *Faits et Gestes*
de plusieurs grands capitaines.

Travaux d'Hercule.

Ier. Combat dans l'Argolide contre
le lion de la forêt de Némée , qu'il
tua , et dont il porta constamment
la dépouille.

II. L'hydre du lac de Lerne , ou
monstre à sept têtes de serpent, suc-
combe sous les coups de sa massue.

III. L'Arcadie est délivrée du
sanglier qui la ravageait , et qui se
retirait sur le mont Érymanthe.

IV. Il saisit à la course , sur le
mont Ménale , dans la même contrée , la biche aux pieds d'airain et
aux cornes d'or, que personne , avant
lui , n'avait pu atteindre.

V. Dans la même contrée, encore ,

il délivra le lac Stymphale des oiseaux monstrueux qui désolaient ses
rivages. Leurs ailes, leur tête, leur
bec, leurs ongles étaient de fer ; et
ils lançaient des dards de ce métal,
lorsqu'ils étaient attaqués. Hercule,
à coups de flèches, les extermina
tous.

VI. Le Taureau envoyé par Neptune contre Minos, roi de Crête,
dompté et soumis.

VII. Capture des chevaux de Diomède, qui vomissaient le feu, et que
ce roi de Thrace nourrissait de chair
humaine : Hercule le leur donna à
devorer.

VIII. Les Amazones vaincues sur
les bords du Thermodon, fleuve de
Thrace, et leur reine, Hyppolyte,
emmenée captive.

IX. Les étables d'Augias, roi de
l'Elide, contenaient trois mille bœufs,
et n'avaient pas été nétoyées depuis

trente ans. Hercule les rendit propres , en y faisant passer le fleuve
Alphée qu'il détourna.

X. Défaite de Géryon , géant à
trois corps , dont il enleva les troupeaux , après avoir tué le chien à
deux têtes , et le dragon à sept , par
qui ce roi d'Erythrie les faisait garder.

XI. Enlèvement des pommes d'or
qu'un dragon gardait également dans
le jardin des Hespérides.

XII. Il ramena des enfers son ami
Thésée , que Pluton y retenait , depuis qu'il y était venu avec Pirithoüs pour ravir Proserpine.

A ces douze travaux d'Hercule , on
ajoute beaucoup d'autres actions
mémorables.

Son combat contre la mort , qu'il
lia avec des chaînes de diamants , et
qu'il força ainsi de rendre Alceste à
son époux.

Son mariage terminé dans la même

nuit avec les cinquante filles de Thestius, ou Thespius.

Le service rendu à Atlas, en l'aidant à soutenir le ciel.

L'Océan uni à la Méditerranée par un détroit qu'il forma, en séparant deux montagnes qui furent appelées les colonnes d'Hercule, etc.

Mais quelle que fût sa force, il fut dompté lui-même par celui qui soumet tout le genre humain. Amant passionné, il fila aux pieds d'Omphale, reine de Lydie, brisant, sans le vouloir, les fuseaux qui tournaient sous sa main trop robuste.

Il aima Augé, qui fut mère de Télèphe.

Il brûla pour Déjanire, fille du roi de Calydon ; et il l'emmenait, lorsqu'ayant rencontré sur son passage, un fleuve débordé, il chargea le centaure Nessus de la transporter sur l'autre rive du fleuve qu'il traversa lui-même le premier. Le centaure profitant de l'éloignement d'Hercule, voulut user de violence envers Déjanire. Hercule alors décocha sur le ravisseur, une de ses flèches teintes du sang de l'hydre de Lerne. Nessus en mourut. Mais en expirant, il donna sa tunique ensanglantée à Déjanire, et lui persuada que cette tunique ramènerait infailliblement Alcide à ses pieds, si ce héros, devenu volage, pouvait s'en revêtir.

Déjanire trop crédule prit la robe; et dans la suite, apprenant que son mari s'était laissé enflammer dans l'Eubée, par les charmes d'Iole, elle lui envoya la robe fatale. A peine ce vêtement toucha le corps d'Hercule, que sans pouvoir l'en détacher, il éprouva des douleurs affreuses et mortelles.

Alors, il se construisit à lui-même un bûcher sur le mont Œta; son ami, son compagnon Philoctète, à qui il légua ses flèches, y mit le feu

à sa prière ; et bientôt Jupiter reçut
son fils dans l'Olympe, où il lui fit
épouser Hébé, déesse de la jeunesse,
chargée avec Ganimède, de verser
le nectar aux dieux.

Tels sont les traits principaux de
la vie d'Hercule, sur lequel les poètes
ont débité tant de fables et sur lequel aussi les savants ont hasardé tant
de conjectures. La plus vraisemblable
est celle qui dans Hercule voit le
soleil, et dans ses douze travaux, la
marche apparente de cet astre, et son
passage successif chez les douze si-
gnes du Zodiaque.

Quoi qu'il en soit, Hercule est ici
représenté se délassant un moment
de ses travaux. Incliné du côté gauche, il s'appuie sur sa massue que re-
couvre la peau du lion de Némée.
De la main droite, il tient quelques-
unes des pommes dérobées au jardin
des Hespérides.

Comino l'a travaillé d'après le modèle du palais Farnèse à Rome.

Le président Dupaty dans ses
lettres sur l'Italie, s'exprime ainsi :
« L'Hercule du palais Farnèse est un
» des miracles immortels du ciseau
» grec. Ce corps ne se repose pas ,
» mais il est seulement en repos ; ne
» s'appuie pas, mais est seulement
» appuyé. La tête est d'une gros-
» seur ordinaire ; les bras seulement
» plus puissants. L'artiste avait bien
» compris que le contraste le plus
» propre à faire ressortir la force ,
» c'était le calme ; la puissance ,
» c'était la douceur; la majesté, c'était
» le sourire ».

La statue d'Hercule est en face
d'un bel escalier à double rampe , où
commence une terrasse qui a son
principal aspect sur la place jadis
Louis xv , aujourd'hui la Concorde.

Une terrasse correspondante est du côté de la rivière. Sur l'une et l'autre seront placées dix statues représentant les neuf Muses et leur mère Mnémosine. On ne voit encore que sept figures. Je parlerai néanmoins de toutes, comme si chacune occupait le piédestal qui lui est destiné.

Il sera facile de les reconnaître aux attributs que je vais leur donner, d'après les meilleurs mythologues.

Les Muses.

Ces déesses ou ces nymphes, avaient pour père Jupiter, et pour mère Mnémosyne, que l'on nomme également déesse de mémoire.

On la représente une main dans ses habillements et sur son sein; de l'autre elle tient le bout de son oreille. Toute son attitude est celle d'une

femme qui cherche à se rappeller
quelque chose.

Elle accoucha des neuf Muses,
sur le mont Piérius en Thessalie:
d'où elles prirent le nom de Piérides.

D'autres veulent que cette dénomination leur vienne de ce que les
Muses obtinrent le prix du chant,
sur les neuf filles de Piérus qui les
avaient défiées, et qui furent chan-
gées en pies.

On les nomme aussi les neuf sœurs,
les neuf pucelles, les nymphes de la
double cîme ou de la double colline,
les filles de Mémoire, etc.

Le Pinde, dans la Thessalie; le
Parnasse au double sommet, dans la
Phocide; et l'Hélicon, dans la Béotie,
sont les montagnes qu'elles fréquen-
taient le plus.

Elles se plaisaient sur les bords du
Permesse, de la fontaine de Cas-
talie, et sur-tout de l'Hipocrène, que

fit jaillir le cheval aîlé Pégase, lorsque de son pied il frappa la terre.

Le palmier et le laurier leur étaient
consacrés.

On les révérait comme les déesses
des Sciences et des Arts.

Dans la galerie des antiques au
Louvre, elles sont presque toutes
assises. Ici elles sont debout. Un mot
sur chacune.

CALLIOPE.

C'est elle que Rousseau invoque
dans la 1re. strophe de sa belle ode sur
la naissance du duc de Bretagne.

> Descends de la double colline,
> Nymphe dont le fils amoureux,
> Du sombre époux de Proserpine,
> Sut fléchir le cœur rigoureux.
> Viens servir l'ardeur qui m'inspire,
> Déesse prête-moi ta lyre, etc.

En

(169)

En effet, Calliope fut la mère d'Orphée, si connu par ses chants qui attiraient les animaux, les arbres et les rochers; si connu encore par sa descente aux enfers, où il était allé chercher sa femme Euridice qu'il perdit une seconde fois, pour avoir voulu trop tôt la regarder.

Calliope présidait à l'éloquence et à la poésie-héroïque; on lui donne communément une trompette dans la main droite, des tablettes dans la gauche, une couronne d'or ou de laurier sur la tête. Quelquefois des feuillets sont épars autour d'elle, et ils appartiennent toujours à l'Iliade, à l'Enéide, etc.

CLIO.

On la peint à peu-près comme la précédente : jeune, couronnée de

laurier, la trompette dans une main;
dans l'autre, un livre antique, c'est-
à-dire un rouleau de papiers. Sa fonction est d'écrire l'histoire, aussi dit-
on : *Les Fastes de Clio.*

E R A T O.

Son nom vient *d'eros* amour, *erao*
j'aime.

La poésie galante, érotique ou
amoureuse lui appartient exclusive-
ment à ses sœurs. Couvrons ses autels de fleurs et d'encens : Nous lui
devons Anacréon, Ovide, Tibulle
et ce gentil Bernard dont les vers
pleins de charme, ont été écrits sur
les genoux des Graces, sous la dictée
des Amours.

On représente Erato, sous la figure
d'une jeune fille enjouée que cou-
ronnent le mirthe et la rose; sa main
touche une lyre; souvent un archet
se meut sous ses doigts; presque tou-

jours on voit auprès d'elle un petit amour qui semble lui demander encore une chanson.

EUTERPE.

Une flûte, un chalumeau, des haut-bois, des cahiers notés, voilà ce qui la caractérise.

On lui attribue l'invention de la musique; et comme les bergers furent les premiers chantres du monde, elle préside spécialement à la poésie pastorale; les fleurs des prés ornent sa tête, ou s'étendent en guirlandes sur son sein.

L'abbé de Bernis, en finissant son poème des quatre saisons, s'adresse ainsi à Virgile:

> Délices de la double cîme,
> Toi, dont les vers mélodieux
> Rendirent EUTERPE sublime,

Et les hameaux dignes des Dieux,
Virgile ! reçois mon hommage, etc.

MELPOMÈNE.

Les poètes tragiques la révèrent comme leur divinité spéciale. Le poignard est dans une de ses mains ; dans l'autre, le sceptre et le diadème ; sur sa tête, une couronne à pointes, telle qu'on la donne aux tyrans ; le cothurne est sa chaussure ; enfin, sa robe, souvent recouverte d'un manteau, est large et flottante, tandis que la plupart des Muses sont vêtues de deux tuniques de grandeur inégale.

A ces traits on distingue aisément la muse de la tragédie.

Ce mot *tragédie*, veut dire chant du bouc, parce qu'au temps de Thespis qui, dit-on, inventa ce genre de poème, un bouc était le prix de celui qui obtenait le plus de suffrages.

POLYMNIE.

Cette muse préside à la Rhéto-
rique. Sa couronne est de perles ; sa
robe est grande et blanche ; sa main
droite est toujours en action, comme
celle d'un orateur ; quelquefois dans
sa main gauche, sont un sceptre ou
des chaînes, simboles du pouvoir de
l'éloquence.

La notice des statues du *Muséum*,
dit que Polymnie préside à *l'art de
la pantomime* ; qu'elle ne doit être
caractérisée que par l'attitude et le
geste ; et que par cette raison, elle
était appellée *Musa tacita*.

Je crois que c'est une erreur, et
que les anciens ne connaissaient de
divinité surnommée *Tacita* ou *Muta*,
que la déesse du silence.

J'ajoute que la statue qui est au
sallon des Muses, et que la notice

appelle Polymnie, n'est autre que Mnémosine ou la Mémoire. Il suffirait, pour me confirmer dans ce sentiment, de voir la notice elle-même dire qu'il faut regarder *l'ample manteau* dont cette figure est enveloppée, comme *l'ingénieux embléme du recueillement nécessaire à la réminiscence du passé.*

Je ne puis reconnaître là, que la déesse de la Mémoire.

TERPSICHORE.

C'est ici la déesse de la danse. L'air enjoué, la taille svelte, une attitude légère, des guirlandes autour d'elle, une lyre dans sa main : voilà ce qui caractérise Terpsichore.

La lyre lui est commune avec Erato, et souvent on prend l'une pour l'autre.

T H A L I E.

Au masque qu'elle tient à la main, au *tympanum* ou tambour à grelots qu'on lui donne quelquefois, au lierre qui la couronne, aux brodequins qui forment sa chaussure, on ne peut pas s'y tromper, c'est la déesse de la comédie. Thalie est son nom.

Une des Graces s'appellait de même : Euphrosine, Aglaé, Thalie. Mais il n'est pas à craindre que l'on confonde celle-ci avec la Muse qui inspira Molière. Les attributs sont différents. D'ailleurs on ne représente point les Grâces séparément ; un groupe les réunit ordinairement toutes les trois.

Je dois dire pourtant que les grâces sont données sur quelques monuments, pour compagnes au dieu des vers. La première alors tient une lyre, la seconde des fleurs, et la troisième un chalumeau.

URANIE.

Ce nom vient *d'ouranos*, ciel.

Aussi Uranie est—elle la muse de l'astronomie. Sa couronne est d'étoiles ; sa robe d'azur en est semée ; le globe du monde est dans une de ses mains ; le compas est dans l'autre ; des instruments de mathématiques sont épars à ses pieds.

De—là lui viennent les qualifications de docte et de céleste.

Un des nombreux surnoms de Vénus est celui d'Uranie.

Vénus de Paphos est la déesse de la volupté ; Vénus Uranie est celle des affections épurées. La première enflamme les sens ; la seconde n'échauffe que l'ame. Platon fut le grand apôtre du culte de la dernière ; mais il eut peu de sectateurs. Heureux qui peut les réunir toutes les deux , et

! leur offrir son encens sur les mêmes
; autels !

On descend de cette partie de la
terrasse et de celle qui lui correspond,
par deux pentes douces en demi fer
à cheval. Au bas sont quatre beaux
morceaux de sculpture qui figurent
des fleuves.

Commençons par celui qui est le
plus près de nous.

LE TIBRE. (*fig.* 42.)

Il est le premier à gauche, en descendant de la terrasse. C'est une
copie d'après l'antique, faite par
Vanclèves à Rome même.

Le Tibre traverse cette cité célèbre que Gilbert appelle :

Veuve d'un peuple-roi, mais reine encor
du monde.

Le premier nom du fleuve fut *Al-bula*, à cause de la blancheur de son onde. Il prit le nom de *Tibris*, à la mort de *Tiberinus* (1), roi d'Albe, qui se noya dans ses flots.

Comme fleuve, on le reconnait à son gouvernail, à sa barbe limoneuse, à sa corne d'abondance, d'où sortent des fruits de toute espèce.

Je dirai à quoi on le reconnait comme Tibre; il faut auparavant parler de cette corne que l'on trouve sur beaucoup de monuments.

La chèvre Amalthée nourrit de son lait, Jupiter dans l'île de Crète. Lorsqu'ensuite son divin nourrisson la plaça dans les cieux, elle donna une de ses cornes aux Nymphes qui avaient amusé l'enfant. En même-temps, et semblable aux bonnes fées des temps gothiques, elle im-

____

(1) Voyez Ovide dans ses fastes.

prima à cette corne, la vertu de se remplir de tout ce que les nymphes pourraient desirer. Des fleurs, des fruits bornaient tous les vœux des belles, dans les premiers âges du monde; la corne d'Amalthée les prodigua, elle devint même inépuisable.

Placée auprès de la statue d'un fleuve, elle marque ou la richesse de son commerce, ou la fécondité de ses bords.

Mais ce qui caractérise ici le Tibre, c'est sa couronne de laurier, simbole des victoires nombreuses des Romains; ce sont sur-tout la Louve et les deux enfants allaités par elle.

A cet aspect, l'imagination s'élève, se transporte au capitole, s'entoure de hauts faits et de grands noms.

Ces deux enfants sont Remus et Romulus. Ils naquirent du commerce clandestin d'une Vestale fille de Numitor, roi d'Albe; son nom est Ilia ou Rhéa Silvia. Elle crut excuser ou même ennoblir sa faute, en attribuant sa grossesse au dieu Mars. Il ne fallait en effet, rien moins que le dieu de la Guerre, pour créer des fondateurs à Rome.

Il paraît pourtant que Numitor ne crut pas à ce prodige. Il ordonna de jeter les deux enfants dans le Tibre. On lui obéit. Mais le berceau s'étant engagé sous des arbres, dans un endroit marécageux ; une louve y vint, caressa les deux jumeaux et leur donna son lait.

En grandissant, ils s'associèrent des pâtres, des vagabonds, et devinrent des chefs de brigands.

Bientôt Romulus, pour régner seul, assassina son frère, et pour donner des femmes à sa troupe, il enleva celles des Sabins.

Il finit par mourir en plein sénat, d'un coup de tonnerre ; ou plutôt il tomba sous le poignard des sénateurs

teurs qui, pour dérober les traces de leur crime, le coupèrent en différents morceaux que chacun d'eux emporta sous ses vêtements.

Telle fut la destinée des deux enfants dont le sculpteur s'est servi pour indiquer le Tibre.

La plinthe sur laquelle repose la figure, est ornée de bas-reliefs qui rappèlent les différents travaux d'une ville naissante.

LE RHONE ET LA SAONE. (*fig.* 41.)

L'indication ici n'est pas aussi heureuse, que dans la statue précédente.

Le gouvernail et la barbe annoncent bien un fleuve. Mais lequel? Pourquoi le sculpteur n'a-t-il pas au moins gravé sur la pale du gouvernail, les armoiries de la cité principale que le fleuve arrose?

On croit que Nicolas Coustou, qui

était de Lyon, a voulu désigner le Rhône et la Saône, dont le confluent est à l'extrémité de cette ville commerçante.

D'autres veulent que ces deux figures désignent la Seine et la Marne.

Le même plateau présente deux enfants, dont l'un joue avec un cigne, l'autre tient une écrevisse.

De la corne d'abondance sortent différents fruits ; les grenades que l'on y remarque et qui croissent en Provence et en Languedoc, paraîtraient indiquer le Rhône, qui sépare ces deux provinces ; mais les mêmes fruits se rencontrent également, près de la figure d'un autre fleuve dont nous parlerons bientôt. Dès-lors ce ne sont pas des symboles distinctifs, puisqu'ils ne sont pas exclusifs.

Le Rhône prend sa source au sein des Alpes, traverse le lac de Genève, et reçoit dans son lit à Lyon, la Saône qui a parcouru la Bourgogne. La mer Méditerranée est celle où il va se perdre dans un golfe, nommé Golfe de Lyon.

LE RHIN ET LA MOSELLE. (*fig.* 40.)

Ce groupe est à l'opposite de celui du Rhône et de la Saône, en avançant vers la terrasse de l'eau.

Il n'est pas mieux caractérisé que le précédent : aussi, quelques personnes prétendent que c'est la Loire et le Loiret. La plus commune opinion est que le sculpteur Van-clèves a représenté ici le Rhin ; et que cette femme, tenant une urne d'où sortent des flots, qui se mêlent à ceux du fleuve, est la Moselle que le Rhin reçoit à Coblentz.

Deux enfants sont encore auprès d'eux. L'un a la main sur une grenade à demi-ouverte ; l'autre tient des poissons assez gros qui paraissent être des saumons ; mais ces poissons ne sont pas ici un caractère spécial, puis-

(184)

qu'ils remontent la Loire, aussi bien que le Rhin.

Celui-ci descend des Alpes, et sort du mont Adule, qui fait partie du St.-Gothard.

Au pied du mont Adule, entre mille ro-
  seaux,
Le Rhin tranquille et fier du progrès de ses
  eaux, etc.
BOILEAU.

Le Rhin sépare la France de l'Allemagne. Les anciens Germains l'honoraient comme une divinité ; et souvent ils l'invoquaient au milieu des dangers. « Lorsqu'ils soupçonnaient » la fidélité de leurs femmes, dit » Noel, ils les obligeaient d'exposer » sur le Rhin les enfants dont ils ne se » croyaient pas les pères ; et si l'enfant allait au fond de l'eau, la » femme était censée adultère. Si au » contraire il surnageait et revenait » à sa mère, le mari persuadé de la » chasteté de son épouse lui rendait » sa confiance et son amour ».

LE NIL. (*fig.* 59.)

Le quatrième des groupes que nous examinons, représente le Nil : ce fleuve, cette divinité protectrice de l'Egypte.

Il est peu de morceaux de sculpture aussi beaux que celui-là, il fut travaillé à Rome, d'après un modèle antique découvert sous Léon x.

Le fleuve appuie le coude gauche sur un sphinx (1), monstre allégorique fort commun sur les monuments égyptiens.

Les seize enfants qui jouent sur les

____

(1) J'en ai parlé ailleurs sous les rapports fabuleux Voici ce qu'en dit M. Barthelemy, sous les rapports historiques :

« Sphinge, fille naturelle de Laius, roi de
» Thèbes, s'étant associée à des brigands, ra-
» vageait la plaine, arrêtait les voyageurs par
» des questions captieuses, et les engageait
» dans les détours du mont Phinée, pour les
» livrer à ses perfides compagnons. Œdipe
» démêla ses pièges, et dissipa les complices
» de ses crimes. *Introd. au Voy. d'Anach.*

jambes, les cuisses, les bras du fleuve ou près de lui, indiquent sa crue de seize coudées, qui était celle de son élévation la plus favorable à la fertilité du pays.

La base offre en reliefs, différents animaux des bords du Nil.

On y distingue l'ichneumon, le crocodile, l'hippopotame et l'ibis.

Le premier est une espèce de rat ou de belette, qui découvre avec beaucoup d'adresse, les œufs que le crocodile dépose dans le sable, qui les mange, dévore même les jeunes crocodiles, et par là, prévient la trop grande multiplication de cet animal dangereux, que l'on ne trouve guères que sur les rivages du Nil.

La forme du crocodile est celle d'un grand lézard. Il est amphibie, ovipare et d'une voracité inconcevable.

L'hippopotame est amphibie également, et ressemble, jusqu'à un certain point, au bœuf et au cheval. Son nom même signifie en grec cheval de rivière. *Il n'est pas rare*, dit Valmont, *d'en rencontrer qui pèsent jusqu'à quinze cents livres.*

L'ibis enfin est une sorte de cigogne qui fait une guerre continuelle aux lézards et aux serpents. C'est pour cela qu'il était en si grande vénération chez les Egyptiens, où l'on punissait de mort quiconque en tuait un volontairement.

En s'éloignant de ces quatre statues de fleuves et s'avançant vers la place de la Concorde, ci-devant Louis xv, on apperçoit à droite et à gauche deux niches ou enfoncements.

Dans celui de la droite est la statue en marbre, d'un jeune berger qui tient une flûte traversière.

Enoncer le sujet de cette statue, c'est tout ce que l'on en peut dire. Une espèce de bourse qu'il serre de la main gauche, le ferait prendre pour Mercure ; mais il n'a aucun des au-tres attributs de ce Dieu.

UNE FEMME ENTRANT DANS LE BAIN
ou VÉNUS CALLIPYGE.

Cette statue orne l'enfoncement qui est à main gauche.

On peut la prendre pour celle d'une femme qui entre dans le bain, et qui dans cette vue, relève ses vêtemens. Le vase de parfums qui est auprès d'elle, semble appuyer cette idée.

Cependant cette attitude de tourner la tête en arrière, à mesure que ses voiles se soulèvent, et d'abaisser son regard vers les belles formes qu'ils couvraient (1) me porte à penser que c'est ici *Vénus Callipyge*.

---

(1) Dans le feuilleton du journal des débats (18 fructidor an 10) je lis ces mots qui confirment mon idée : » On peut voir

(189)

L'abbé de la Chau s'expliquera ici pour moi; ce sujet trouvait naturellement une place, dans sa dissertation sur Vénus, ses attributs et ses divers surnoms.

« C'est — là , dit-il , Vénus con» nue parmi les artistes modernes ,
» sous le nom trivial de *Vénus aux*

» aux Tuileries, dans une des niches des
» terrasses à gauche , au-delà du grand
» bassin, une petite Vénus Callipyge , qui
» provient des jardins de Marly, et à laquelle
» la reine femme de Louis XV avait, par
» modestie, fait mettre une chemise qu'elle
» porte encore.

M. le duc d'Orléans surnommé Sainte-Geneviève , parce qu'il se retira chez les génovéfains, fit de même jetter des draperies sur plusieurs de ses tableaux. On eut beau lui représenter la perte qui en résulterait, il répondit constamment par ces mots de St.-Charles Borromée en pareille circonstance : *pereant tabulæ ne pereant animæ.*

(190)

» *belles-fesses*. Athénée en raconte
» l'histoire. Deux paysannes d'une
» grande beauté, se disputaient l'a-
» vantage d'être le mieux formées
» dans la partie qui a donné lieu au
» surnom dont nous venons de parler.
» Elles se soumirent au jugement
» d'un jeune homme qu'elles rencon-
» trèrent sur le grand chemin, et
» après une comparaison scrupuleuse,
» le nouveau Pâris se décida pour la
» plus jeune, dont il devint amoureux.
» De retour à la ville, il fit part de
» cette aventure à son frère, qui
» s'achemina aussi-tôt vers la mai-
» son de ces filles, trouva l'aînée
» fort belle, quoiqu'elle n'eût pas
» remporté le prix ; et elle gagna tout-
» à-la-fois son suffrage et son cœur.
» Le père des jeunes-gens leur con-
» seilla de chercher un parti plus
» digne d'eux ; mais ne pouvant les
» faire renoncer à leur inclination,
» il se rendit enfin à leurs prières,

» demanda le consentement du père
» des deux filles, et l'on croit bien
» qu'elles ne refusèrent pas le leur.
» Les gens du pays les appelèrent
» *Callipyges*, ou belles-fesses; et ce
» fut en mémoire de cet évènement que
» l'on bâtit un temple à Vénus sous ce
» titre. Athénée ne nous apprend
» point par qui les frais en furent
» faits; il remarque seulement que
» l'amour du plaisir qui régnait dans
» ce temps-là, n'en fut pas la moin-
» dre cause.

MERCURE

Sur un cheval ailé (*fig.* 44.)

Cette statue de Mercure et celle
de la Renommée, placées aux deux
côtés de la grande grille du Jardin
des Tuileries, sont l'ouvrage de Coysevox.

Mercure se nommait en grec

hermes, mot qui signifie messager, interprète. Le nom latin *Mercurius* vient *à mercibus,* des marchandises au trafic desquelles il présidait.

Son père était Jupiter même ; sa mère, Maïa, fille d'Atlas.

Il était le messager des dieux ; dieu lui-même de l'éloquence, des négociations, du commerce, et qui plus est, des voleurs.

En qualité de messager des dieux, il a des ailes aux talons ; il en porte aussi à son bonnet, que les artistes nomment pétase, du mot latin *petasus.* Ici le sculpteur a placé le messager, sur un cheval ailé, afin de montrer mieux la promptitude avec laquelle il s'acquitte des messages.

Mercure était chargé de conduire les ames dans les enfers, et de les en ramener, quand le destin l'ordonnait. Une simple baguette lui suffisait pour cette fonction.

Comme

Comme dieu de l'éloquence, on le peint avec des chaînes d'or dont le premier anneau est à sa bouche, et les derniers aux oreilles de la foule qui l'écoute.

Le caducée est le symbole du dieu des négociations. Il consiste en une verge ou baguette qu'entourent deux serpents et que surmontent deux aîles. Le négociateur en effet doit être investi du pouvoir de traiter : c'est la baguette, emblême de l'autorité. Son principal caractère doit être la prudence : c'est elle que figurent les serpents. Il faut enfin qu'il mette de la célérité dans ses opérations, pour que les lenteurs n'amènent pas les obstacles : c'est ce qu'énoncent les aîles du caducée.

Il n'eut d'abord que ce dernier ornement. Mais Mercure l'ayant jetté sur deux serpents qui se battaient, les deux reptiles s'entortillèrent autour de la baguette.

R

Aussi-tôt le caducée devint un signe de paix et de conciliation. Il fut pour les anciens peuples, ce qu'est aujourd'hui le calumet pour les sauvages de l'Amérique.

A titre de dieu du commerce, Mercure (1) porte une bourse dans sa main.

Pourquoi faut-il qu'elle le désigne également comme dieu des voleurs! On leur pardonnerait au moins s'ils ne faisaient que des vols aussi jolis que les siens. A Neptune, il déroba ce trident qui soulève les flots; au dieu des vers, sa lyre; à Vénus, sa ceinture.

Je ne lui envierais point le sceptre du dieu des mers; mais qui ne vou—

____

(1) ,, Les peintres et les sculpteurs, pre-
,, nant leurs maîtresses pour modèles, les
,, ont exposées a la vénération publique,
,, sous les noms de différentes divinités.
,, C'est ainsi qu'ils ont représenté la tête de
,, Mercure, d'après celle d'Alcibiade.

Anach. Ch. 72.

drait être l'auteur du vol fait aux deux autres divinités ?

LA RENOMMÉE. (*fig.* 43.)

> Quelle est cette déesse énorme,
> Ou plutôt ce monstre difforme
> Tout couvert d'oreilles et d'yeux,
> Dont la voix ressemble au tonnerre,
> Et qui des pieds touchant la terre,
> Cache sa tête dans les cieux ?
> C'est l'inconstante renommée, etc.

ROUSSEAU.

Ode au prince Eugène.

Virgile, Ovide, Voltaire et beaucoup d'autres poètes ont fait des portraits de la Renommée. Ils lui donnent cent yeux, cent oreilles, cent bouches, cent trompettes.

Coysevox a mieux aimé nous offrir une figure gracieuse, que de nous présenter un monstre.

Il a placé la renommée sur un cheval aîlé, et il en a fait une belle femme dont la trompette va publiant les exploits du grand règne de Louis XIV.

Ce morceau est préféré par les connaisseurs à celui de Mercure. La renommée est mieux assise, elle a plus d'expression, et le cheval s'é-lance mieux.

Ils estiment encore plus, ces deux chevaux de marbre blanc que vous voyez à l'entrée des Champs-Elysées, et qui sont retenus chacun par un écuyer. Nicolas Coustou les a travaillés d'après ceux que l'on voit à Rome, sur la place Monte-Cavallo, et qui sont reconnus pour antiques.

Un de ces amateurs qui prétendent donner des leçons aux artistes, dit à Coustou : *Mais cette bride devrait être tendue. Que n'êtes-vous, M., reprit aussi-tôt le sculpteur, que n'êtes-vous venu un moment plutôt? vous auriez vu la bride telle que vous la désirez ; mais ces che-*

vaux ont la bouche si tendre, que cela ne dure qu'un clin d'œil.

Ces deux chevaux étaient précédemment à Marly, placés près de la pièce d'eau, qu'on appelait l'abreuvoir. (*fig.* 45.)

La grille où nous sommes arrivés n'existe que depuis peu d'années. La sortie du jardin des Tuileries, se faisait autrefois, en cet endroit, par un *pont* que l'on appellait *tournant.*

Il était en bois, et formé de deux parties qui se rapprochaient, pour établir le passage ; et qui pour le fermer, se repliaient vers le jardin. Elles tournaient chacune sur son pivot.

Ce mécanisme ingénieux était l'ouvrage du frère Nicolas Bourgeois, religieux Augustin, à qui Rouen doit son pont de bateaux.

Là devrait naturellement finir notre course, mais nous avons négligé le côté de l'eau, qui n'est pourtant pas sans intérêt.

Terrasse de l'eau.

J'ai vu cette terrasse long-temps attristée plutôt qu'embellie, par ces sombres ifs qui disputent aux cyprès, l'honneur de prêter leur ombre à la mélancolie, lorsqu'elle vient rêver près des tombeaux. Aujourd'hui cette terrasse est plantée, dans ses deux tiers, de tilleuls, sous lesquels nos neveux trouveront un jour l'ombrage que l'on y cherchait vainement.

Belle par elle-même, elle est encore animée par le mouvement du quai superbe qu'elle domine, et par la navigation de ce beau fleuve qui, après avoir apporté l'abondance à Paris, semble, en multipliant ses détours, quitter à regret la capitale de l'empire français.

Sequana cum primùm reginæ allabitur
   urbi,
  Tardat præcipites ambitiosus aquas.
Captus amore loci, cursum obliviscitur,
   anceps
  Quo fluat, et dulces nectit in urbe moras.

SANTEUIL.

BACCHUS.

En partant du pavillon de Flore, et laissant à gauche une belle grille qu'ornent encore deux vases de marbre blanc portés sur deux pilastres, la première statue que l'on rencontre est en marbre. C'est la seule ; les autres sont de bronze.

Elle représente Bacchus très-jeune, tenant de la main droite un raisin, que parait desirer avec ardeur, et attendre avec impatience, un jeune satyre placé près de lui.

Les satyres sont des divinités champêtres. Petits et velus, ils ont les cornes, les oreilles, la queue, les jambes et les pieds d'une chèvre.

Ils suivaient et gardaient Bacchus, qu'ils révéraient comme l'auteur de leur race. En effet, ils descendaient de la nayade Nicéa, fille du fleuve Sangar, de laquelle Bacchus obtint les faveurs, après l'avoir enivrée, en changeant en vin, l'eau d'une source où elle venait se désaltérer.

VÉNUS PUDIQUE. (*fig.* 5o.)

« Les artistes modernes sont convenus d'appeler *Vénus pudique*, celle qui porte la main au-devant de sa gorge et l'autre plus bas, comme par pudeur, telle que la belle Vénus de Médicis ; et M. le comte de Caylus observe que la Vénus pudique était plus souvent répétée que l'impudique. (L'abbé DE LA CHAU, *Dissert. sur Vénus.*)

Ce respect pour les mœurs, détermina les habitants de Cos à choisir entre les deux Vénus que Praxitèle avait faites pour eux, celle qui était voilée, quoique l'autre qui était nue, fût d'un travail bien supérieur, et qu'il la leur laissât pour le même prix : *severum id ac pudicum arbitrantes*, dit Pline le naturaliste, *liv. 33.*

La Vénus sans voile, fut vendue à la ville de Cnide, dont elle devint la première richesse, au point que Nicomède, roi de Bithynie en fut jaloux, et qu'il offrit d'acquitter toutes les dettes de la cité, si les habitants voulaient lui céder la statue; et ces dettes, dit encore Pline, étaient immenses, *totum æs civitatis alienum quod erat ingens.*

Nous voilà un peu loin de notre Vénus pudique. Disons seulement qu'elle est en bronze; et que si l'on veut en voir le superbe modèle en marbre, il faut se rendre au Louvre, dans la galerie des antiques, où cette

Vénus est placée à côté de l'Apollon du Belvédère.

Pour la distinguer de la Vénus de Médicis, on la nomme Vénus du Capitole.

APOLLON PYTHIEN. (*fig.* 51.)

C'est ici la faible copie en bronze de cette statue, la plus belle qui soit au monde, et qui faisait courir tant de curieux à Rome, pour la voir au Belvédère.

Apollon y est représenté au moment où il vient de décocher la flèche qui a tué le serpent Python.

Ce serpent monstrueux ou plutôt le brigand redoutable dont ce dragon n'est que l'emblême, portait le ravage et la désolation dans les environs de Delphes. Le fils de Latone le perça de ses flèches et rendit le calme à la contrée.

Les habitants, pour éterniser son

triomphe et leur reconnaissance, instituèrent les jeux pythiques ou pythiens, qui se célébraient à Delphes, tous les quatre ans, et qui consistaient à-peu-près, dans les mêmes exercices que les jeux olympiques.

Du surnom qu'Apollon acquit par cette victoire, est venue la qualification de Pythie, donnée à la prêtresse qui rendait des oracles à Delphes, c'est-à-dire, qui était dans ce temple, l'interprète du dieu que l'on venait y consulter.

C'est-là tout ce que je puis dire sur cet Apollon pythien. Mais pour vous dédommager de ma froide narration, suivez-moi au Louvre, venez-y admirer le magnifique modèle en marbre de ce bronze sans vie; vous vous écrierez bientôt avec Winckelman, dans son histoire de l'art :

« A l'aspect de cette merveille,

» j'oublie tout l'univers ; et mon es-
» prit prend une disposition surna-
» turelle, propre à en juger avec di-
» gnité ; de l'admiration je passe
» à l'extase ; je sens ma poitrine qui
» se dilate et s'élève, comme l'é-
» prouvent ceux qui sont remplis de
» l'esprit des prophéties ; je suis
» transporté à Delos, dans les bois
» sacrés de la Lycie, lieux qu'Apollon
» honorait de sa présence. Cette sta-
» tue semble s'animer, comme le fit
» jadis la beauté sortie du ciseau de
» Pygmalion. Mais comment pouvoir
» te décrire ? ó inimitable chef-
» d'œuvre ! Il faudrait pour cela,
» que l'art même daignât m'inspirer
» et conduire ma plume. Les traits
» que je viens de crayonner, je les
» dépose devant toi ; comme ceux
» qui, venant pour couronner les
» dieux, mettaient leurs couronnes
» à leurs pieds, ne pouvant atteindre
» à leur tête.

LAOCOON.

LAOCOON. (*fig.* 52.)

Autre bronze modelé sur un des plus beaux morceaux de sculpture grecque qui soit parvenu jusqu'à nous.

Ce modèle ne peut se voir sans admiration, dans la galerie des antiques dont il fait l'ornement, quoiqu'il soit en partie mutilé.

Il était autrefois dans le palais de l'empereur Titus ; et Pline lui donne la préférence sur tous les ouvrages de peinture et de sculpture de son temps.

Cet écrivain célèbre, aussi bon juge des arts, qu'habile peintre de la nature, nous apprend que ce chef-d'œuvre est de la main de *Polidore*, d'*Athénodore* et d'*Agesandre*, trois excellents maîtres de Rhodes, qui taillèrent de concert, d'un seul bloc de marbre, Laocoon, ses enfants et les serpents, avec tous leurs plis et replis.

Personne n'ignore quelle fut la ruse employée par les Grecs, pour entrer, après dix ans d'un siège fertile en beaux faits d'armes, dans la petite ville où Pâris avait conduit sa conquête. Déjà le cheval de bois qui renfermait Ulisse et d'autres guerriers, était prêt à s'introduire dans Troye, lorsque Laocoon accourt du haut de la citadelle, s'oppose de toute sa force à l'admission de cette énorme et fatale machine, lance même contre elle, son javelot. Tout fut inutile. Les dieux avaient décidé du sort d'Ilion. Le siège de Troye, commencé par le cruel sacrifice d'une princesse (1), devait finir par la mort terrible d'un prêtre.

____

(1) Iphigénie en Aulide immolée.

BOILEAU.

En effet, Laocoon, fils de Priam
et d'Hécube, était alors prêtre de
Neptune, après l'avoir été d'Apollon.
Mais il avait offensé, dit-on, ces deux
divinités. Les Troyens méprisèrent
ses avis; et son javelot fit en vain
retentir les flancs du cheval, d'un
bruit d'armes bien propre à donner
des soupçons.

Il veut alors offrir un sacrifice à
Neptune sur les bords de la mer.
Tout-à-coup deux serpents énormes
s'élèvent du milieu des flots, les sil-
lonent, s'avancent au rivage, s'é-
lancent sur les deux fils de Laocoon
nommés Antiphate et Tymbræus,
l'enveloppent lui - même avec eux,
de leurs longs replis, et parviennent
à les étouffer tous les trois.

Cette catastrophe mémorable est
décrite par Virgile, en très-beaux
vers, dans le second chant de son
Enéide. Mais le marbre qui est au
Louvre la rend peut-être d'une ma-

nière plus énergique. Ce qui se voit,
dit Horace, affecte plus que ce qui
s'entend. On souffre des tourments
qu'éprouve ce malheureux père ; on
gémit du sort de ces deux inno-
centes victimes.

O vous qui craignez les émotions
fortes, vous sur-tout à qui des enfants estimables et chéris offrent une
superbe espérance (1), n'arrêtez pas
trop long-temps vos regards, sur ce
groupe déchirant !

DIANE CHASSERESSE. (*fig.* 53.)

C'est ici la copie d'une statue de
marbre examinée précédemment sous
la même dénomination.

---

(1) Une fille, trois fils, ma superbe espérance.

LUSIGNAN, *dans Zaïre.*

HERCULE-COMMODE (*Fig.* 54.)

Je me suis déjà expliqué sur ce héros; mais la manière dont il se présente ici exige de nouvelles observations.

L'enfant qu'il tient sur son bras gauche est Télèphe, son fils, né d'Augé, fille d'un roi d'Arcadie. La crainte d'être punie par son père, des complaisances qu'elle avait eues pour Alcide, la conduisit dans les bois où elle accoucha, et où son enfant fut nourri par une biche.

Télèphe devenu grand, se distingua par ses exploits. Sa valeur contribua beaucoup à raffermir sur le trône, Téthras, roi de Mysie, qui par reconnaissance, voulut lui faire épouser Augé, à laquelle il avait donné un asile dans ses états. Mais plus heureux que le fils de Laius, Télèphe reconnut sa mère ; et prévenant le crime qui fut si funeste à OEdipe, il fit un autre mariage d'où l'empereur Commode se prétendait issu.

La tête de cet empereur est ici sur le corps d'Hercule. On la reconnaît à sa ressemblance parfaite avec celles du même prince dont les médailles nous ont conservé l'empreinte.

Fils d'Antonin le philosophe et de Faustine, il fut un de ces empereurs qui semblaient n'avoir été donnés aux Romains, que pour les punir de la lâcheté avec laquelle ils s'étaient laissé ravir la liberté, et supportaient l'esclavage. Néron fut son modèle. Il l'égala, s'il ne le surpassa pas, en folies et en cruautés. On le vit courir les rues de Rome, sans autre vêtement qu'une peau de lion, jettée négligemment sur ses épaules, et tenant à la main une lourde massue. Sous ce déguisement, il se croyait le demi-dieu dont il affectait de descendre. Malheur à quiconque eût paru en douter ; malheur aussi à tous ceux qui se rencontraient sur son passage ! Il frappait, il assommait, sans distinction d'état, d'âge ni de sexe.

Le ciel enfin en délivra la terre, en l'année 191 de l'ère chrétienne. Il mourut à 31 ans, dont onze avaient été employés à souiller de crimes le trône des Césars.

Les bronzes que nous venons de parcourir, et que l'on doit presque tous aux frères Keller, sont entre-mêlés de beaux vases de marbre blanc, dont les connaisseurs estiment les ciselures et les bas-reliefs. Ils distinguent sur-tout ceux qui ornent le dessus de l'escalier à deux rampes par où l'on descend aux allées du bois.

JEAN-JACQUES ROUSSEAU.
(*fig.* 55.)

La terrasse de l'eau se termine par
un bosquet fermé d'un léger grillage,
devant lequel il est impossible de
ne pas se livrer à la plus douce
rêverie, à la reconnaissance et aux
regrets, en contemplant l'image de
ce célèbre citoyen de Genève, que
son pays méconnut, que la France
persécuta d'abord, qu'elle divinisa
ensuite, et que la postérité associe
déjà aux deux ou trois grands génies
qui ont illustré le dix-huitième siècle.

Il est ici représenté assis, soute-
nant du bras gauche une petite statue
de la nature, telle que la figuraient
les égyptiens ; c'est-à-dire couverte
de mamelles, marque de sa fécondité et du soin qu'elle prend de nour-

rir les nombreux individus qu'elle fait naître.

Rousseau vit le jour à Genève, dans la boutique d'un horloger, le 4 juillet 1712; et il mourut à Ermenonville, près de Chantilly, le 2 juillet 1778.

Ceux qui sont curieux des détails de sa vie, peuvent les lire dans ses *confessions* qui, selon moi, n'auraient pas dû paraître; le mal qu'il y dit de lui-même, ne le justifiera jamais de celui qu'il y dit des autres.

Rousseau, que la bile dominait, n'eut qu'une existence pénible. Ombrageux à l'excès, et voyant tout en noir, il était sans cesse promené par son imagination, d'allarmes en inquiétudes et de soupçons en chagrins.

Peut-être dut-il à ce genre de tempérament, l'énergie et la profondeur de ses ouvrages. Hélas! la gloire le poursuivait, et il ne connut pas le bonheur.

Les publicistes admirent son contrat social; les musiciens son dictionnaire de musique et son Devin de village; les dialecticiens sa réponse à M. Dalembert; les critiques, sa lettre à M. l'archevêque de Paris; les rhéteurs, ses deux discours présentés à l'académie de Dijon : tous, sa *Julie* et son *Emile*, qui suffiraient seuls à son immortalité.

Que ne lui doivent pas les mères chez qui son éloquence, tantôt douce, tantôt mâle, et toujours persuasive a réveillé des sentiments éteints ou assoupis par nos mœurs corrompues! Que ne lui doivent pas les enfants qu'il a dégagés des entraves du maillot, retirés des bras de nourrices mercénaires, sauvés de la férule des pédants ; qu'il a instruits enfin à braver les caprices de la fortune, et à justifier le titre d'hommes,

qui se perd encore plus par la mo-
lesse de l'âme, que par la faiblesse
des organes.

M. Le Tourneur a fait imprimer à
la tête des œuvres de Rousseau, édition de Poinsot, un article intéressant sur cet homme justement révéré, qui a fait tant de bien au genre
humain qu'il méprisait, et tant
d'honneur aux lettres qu'il calom-
niait.

J'invite mes promeneurs, à lire ce
Voyage d'Ermenonville.

Rousseau y fut enterré dans l'île
des peupliers, par les soins de M. de
Gérardin, à qui cette belle posses-
sion appartient, et qui avait ménagé
là un asile au bon Jean-Jacques.

Sur la tombe, on lit ces quatre
vers de M. Ducis.

Sous ces peupliers paisibles,
Repose Jean-Jacques Rousseau.
Approchez cœurs droits et sensibles,
Votre ami dort sous ce tombeau.

Ici se termine notre promenade ; et quel objet pourrait nous occuper encore sans affaiblir la douce impression qu'a laissée dans notre ame la statue d'un homme de bien ?

Mais pourquoi est-il le seul bienfaiteur de l'humanité que nous ayons vu dans ce vaste jardin ? Pourquoi ces guerriers, ces magistrats, ces pontifes, ces écrivains qui ont si bien mérité de leur pays, ne s'offrent-ils pas ici à la reconnaissance et à l'émulation publiques ?

Parcourez en idée les belles promenades d'Athènes et ce champ de Mars où le peuple-roi apprenait à conquérir le monde : Là, vous verrez Miltiade, Phocion, Aristide. Ici, Cincinnatus, Régulus, et ce Caton qui montra jusqu'où peut aller la perfection humaine : vous les verrez, dis-jé, donner encore, sous le marbre où ils respirent, de sublimes leçons à leurs concitoyens.

Le

TABLEAU
ALPHABÉTIQUE,

Des quarante-huit Sections, avec leurs numéros d'ordre, et celui de l'arrondissement dont elles font partie, suivi de la nomenclature générale des :

Barrières,	Hospices nationaux,
Boulevards,	Jardins publics,
Carrefours,	Maisons d'arrêt,
Cloîtres,	Marchés,
Cours,	Passages,
Culs-de-Sac,	Places,
Edifices,	Quais,
Enclos,	Rues.
Fauxbourgs,	

NOMS DES SECTIONS.

Sections.	A.	S.	Sections.	A.	S.
Amis de la Patrie (des)	6	22	Champs-Elisées (des).	1	2
Arcis (des)..........	7	26	Contrat-Social (du) ...	3	12
Arsenal (de l')........	8	31	Droits de l'Homme (des)	7	29
Beaurepaire (de)......	11	44	Ecole de Médecine (de l')	11	41
Bon Conseil (de).....	5	17	Faub. Montmartre (du)	2	8
Bondy (de)...........	5	20	Lepelletier	2	6
Bonne-Nouvelle (de)..	5	13	Fontaine de Grenelle (de		
Butte des Moulins (de la)	2	5	la)	10	39

A désigne l'Arrondissement, et S. désigne la Section.

Sections.	A.	S.	Sections.	A.	S.
Fraternité (de la).....	9	35	Montreuil (de la rue)..	8	33
Gardes-Françaises (des)	4	14	Muséum (du)	4	15
Gobelins (des)	12	48	Nord (du).......... ..	5	19
Gravilliers (des)......	6	23	Observatoire (de l') ...	12	47
Halle-au-Blé (de la)...	4	13	Ouest (de l').........	10	42
Homme-Armé (de l') .	7	27	Panthéon (du)	12	45
Indivisibilité (de l') ..	8	28	Place-Vendôme (de la).	1	4
Cité (de la).........	9	36	Poissonnière (de la rue)	8	9
Invalides (des).......	10	38	Popincourt (de)	8	32
Jardin des Plantes (du).	12	46	Pont-Neuf (du)	11	37
Lombards (des)......	6	24	Quinze-Vingts (des)...	8	34
Luxembourg (des)....	11	43	Réunion (de la)......	7	25
Mail (du)	3	11	Roulle (du).........	1	3
Maison Commune (de la)	9	30	Temple (du).........	6	21
Marchés (des)	4	16	Tuileries (des)	1	1
Molière (de)	3	10	Unité (de l').........	10	40
Mont-Blanc (du)......	2	7			

BARRIÈRES (1);

Leurs noms, arrondissements, et sections.

	A.	S.		A.	S.
Amandiers (des)......	8	32	Croix-Blanche (de la)..	2	8
Belleville (des)........	6	21	Ecole Militaire (de l').	10	38
Bercy (de)...........	9	34	Egalité (de l')........	2	8
Bons-Hommes (des)...	1	2	Folie-Regnault (de la).	2	32
Clos Paren (du).......	12	48	Fourneaux (des)......	11	43
Chaillot (de)	1	2	Garre (de la)........	12	48
Chapelle (de la)......	5	19	Gentilly (de)	12	47
Charenton (de).......	9	34	Grenelle (de)........	10	38
Charonne (de).......	9	33	Grenouillère (de la)...	10	38
Chaussée du Maine (de la)	11	43	Hôpital (de l')	12	48
Chopinette (de la)....	5	20	Hôpital du Nord (de l').	5	20
Clichy (de).........	2	8	Jacques (St.) (de)....	12	48
Combat (du)........	5	20	Long-Champ (de)....	1	2
Courcelles (de).......	1	3	Maringo (de).........	12	47
Couronnes (des)	6	21	Menil-Montant (de)...	6	21

(1) Il y en a 56, voyez, pour la description des principales, la page 56.

Barrières.	A.	S.	Barrières.	A.	S.
Montmartre (de)	2	8	Rats (des)	8	30
Mont-Parnasse (du)	11	43	Réservoirs (des) Perriers.	1	2
Montreuil (de)	3	38	Reuilly (de)	9	34
Mouffetard (de)	12	48	Rochefoucauld (de la).	9	9
Moulins (des)	6	21	Roule (du)	1	3
Notre-Dame-des-Champs (de)	11	43	Sainte-Anne (de)	3	9
Observatoire (de l')	10	38	Saint-Mandé (de)	9	34
Pantin (de)	5	20	Santé (de la)	12	47
Passy (de)	1	2	Sèves (de)	10	38
Patache (de la)	1	2	Vaugirard (de)	10	38
Picpus (de)	9	34	Vertus (des)	5	19
Pologne (de la)	1	3	Villette (de la)	5	20
Rapée (de la)	12	42	Vincennes (de)	9	34

BOULEVARDS.

	A.	S.		A.	S.
Capucines (des)	1	3	Païen	12	48
Chaussée d'Antin (de la)	1	3	Plumet	11	43
Enfer (d')	10	40	Poissonnière	3	11
Glacière (de la)	12	48	Porte S.-Antoine (de la)	8	32
Hôpital (de l')	12	47	Saint-Denis	3	11
Invalides (des)	10	39	Saint-Honoré	1	1
Madeleine (de la)	1	2	Saint-Jacques	12	48
Montmartre	2	7	Saint-Martin	6	23
Moulin-Gautier	12	48	Temple (du)	6	24
Mont-Parnasse	11	43			

CARREFOURS.

	A.	S.		A.	S.
au Lait	1	24	Puits Alets (du)	4	12
Bonne-Nouvelle	6	18	Puits de l'Hermite (du)	12	46
Bussy	12	41	Quatre cheminées (des).	2	5
Croix de Clamard (de la)	11	46	Saint-Benoit	10	40
Croix Rouge (de la)	11	42	Saint-Denis	6	22
Croix du Trahoir (de la)	4	14	Saint-Martin	6	22
Tuillerie	7	26			

CLOITRES.

	A.	S.		A.	S.
Notre-Dame	9	36	St.-Jacques-de-l'Hôpital.	5	17
Saint-Benoit	11	44	Saint-Julien-le-Pauvre.	12	45
Saint-Denis-de-la-Chartre	9	36	St.-Martin-des-Champs.	12	45
			St.-Nicolas-des-Champs.	6	23
Saint-Germain-l'Auxerrois	4	15	Saint-Séverin	11	44
			St.-Thomas-du-Louvre.	1	1

COURS.

	A.	S.		A.	S.
Arsenal (de l')	12	48	Manège (du ci-dev.)	1	3
Bastille (de la)	[illegible]	31	Mandar	3	12
Batave	[illegible]	24	Maures (des)	7	25
Bavière	[illegible]	5	Miracles (des)	5	18
Carmélites (des)	1[illegible]	7	Palais (du) de Justice.	10	37
Chapelle (de la)	10	[illegible]	Pont-aux-Biches (du)	6	23
Collège d'Antun (du)	11	41	St.-André-des-Arcs	11	41
Commerce (du)	11	[illegible]1	Saint-Germain-des-Prés.	10	40
Dragon (du)	10	40	Saint-Guillaume	2	7
Fontaines (des)	1	2	Salpètre (du)	8	31
Juiverie (de la)	[illegible]	32	Tuileries (des)	1	1
Louvre (du)	4	15			

CULS-DE-SAC.

	A.	S.		A.	S.
Albert	12	45	Babillard (du)	[illegible]	19
Amboise (d')	12	48	Baïf	[illegible]	18
Anglais (des)	7	25	Barthélemy (St.)	10	37
Anjou (d')	4	15	Bastille (de la petite).	4	15
Argenson (d')	7	25	Baudoyer	7	25
Argenson (d')	8	29	Bavière	1[illegible]	45
Argenteuil (d')	1	3	Braudoir	10	27
Aumont (d')	8	30	Beaufort	6	34
Ave Maria (de l')	8	29	Benoit (saint)	7	26
Basfour	6	23	Bernard (saint)	1[illegible]	45
Babillards (des)	3	9	Bernard. (St.)	8	32

Culs-de-Sac.	A.	S.
Bertrand (saint)	7	25
Bertault	7	26
Bœuf (du)	7	26
Bœufs (des)	12	45
Bon-Conseil	5	18
Bouteille (de la)	7	25
Bouvard	12	45
Brasserie (de la)	2	5
Brutus	2	8
Cagnard	11	41
Carmélites (des)	12	45
Carcuisson	9	36
Catherine (Ste.)	12	45
Chat Blanc (du)	5	24
Chevalier du Guet (du)	4	15
Claude (St.)	3	11
Claude (saint)	7	28
Claude (St.) Rapée	8	34
Clervaux (de)	7	25
Colombe (de la)	7	27
Commissaires (des)	2	8
Contrescarpe	9	34
Conty	10	40
Coquerelle	8	29
Coquerelle	7	28
Corderie (de la)	2	5
Cordiers (des)	12	48
Courbâton	4	14
Cour de Rohan (de la)	11	41
Croix-Fauhin	9	33
Crucifix (du)	5	18
Dominique (St.)	12	48
Dominique (St.)	3	10
Echiquier (de l')	6	21
Egout (de l')	5	19
Empereur (de l')	5	17
Etoile (de l')	5	18
Etuve (des)	6	24
Farou	7	28
Feuillantines (des)	12	47
Férou	11	43
Fiacre (St.)	4	10
Fiacre (saint)	6	21
Filles-Dieu (des)	3	9

Culs-de-Sac.	A.	S.
Fort-aux-Dames (du)	5	18
Fourci (de)	8	30
Fosse-aux-Chiens (de la)	4	14
Grange-Batelière	2	7
Gloriette (de)	9	36
Grosse-Tête (de la)	5	18
Guépine (de)	8	30
Guémené (de)	7	28
Guichet (du)	10	40
Haumont (d')	9	35
Hautefort	12	47
Heaumerie (de la)	6	24
Hospitalières (des)	8	33
Hyacinthe (St.)	2	5
Jacques-l'Hôpital (St.)	5	19
Jardin des Plantes (du)	12	45
Jardiniers (des)	8	32
Jérusalem (de)	9	35
Jésuites (des)	8	31
Jeu de Mai (du)	11	41
Laurent (St.)	3	9
Laurent (saint)	6	21
Louis (St.)	9	35
Mandar (présentement rue)	3	12
Marine	9	36
Martial	9	36
Michel (saint)	5	10
Mortagne	9	34
Murs de la Roquette (des)	8	32
Nevers (de)	10	40
Notre-Dame des Champs	11	43
Paon (du)	11	43
Patriarches (des)	12	45
Paul (St.)	9	36
Pecquai	7	27
Petigneux	9	35
Peronnelle	2	5
Petit-Jardinet (du)	9	33
Pierre (St.)	3	9
Pierre (St.)	8	29
Pierre (saint)	7	28
Pierre-des-Arcis (St.)	9	36

Culs-de-Sac.	A.	S.
Planchette (de la).....	9	33
Poissonnerie (de la)...	5	20
Pont-aux-Biches (du).	6	23
Portes-aux-Peintres (de la).............	6	24
Prêcheurs (des)......	2	5
Provençaux (des).....	4	13
Puits-de-Rome (du)..	8	31
Putigneaux...........	9	33
Quatre-Vents (des)....	11	43
Rollin-Paye-Gage.....	4	16
Roch (saint).........	2	5
Rocher (du).........	1	2
Rome (de)..........	6	23
Roquette (de la)......	8	32

Culs-de-Sac.	A.	S.
Sablons (des)........	10	37
Salambrière..........	11	44
Sébastien............	8	32
Soissons.............	3	12
Sourdis..............	4	16
Taitbout (de la rue)..	2	7
Traverse.............	2	5
Treille (de la)........	4	15
Trois Visages (des)...	4	14
Ursulines (des).......	12	47
Venise (de)..........	9	36
Venise (de)..........	6	44
Versailles (de).......	12	48
Vignes (des).........	12	47

PRINCIPAUX ÉDIFICES

Subsistants dans Paris , avec la désignation de leurs arrondissements et sections.

	A.	S.
Abbaye Saint - Antoine (de l')............	9	34
Anglais (des)........	12	47
Annonciades (les)....	8	32
Arquebuse (l').......	8	32
Arsenal (l').........	8	31
Assomption (l')......	1	1
Augustins (les Petits).	10	40
Ave-Maria (l').......	8	31
Bains-Chinois (les)...	2	6
Bains d'Eté (les)....	5	20
Bénédictines (les).....	1	4
Bibliothèque Nationale (la).............	2	6
Blancs-Manteaux (les).	7	27
Bons-Enfants (les)....	12	46
Capucins (les).......	1	1
Capucins (les)........	1	4

	A.	S.
Capucins (les).......	7	27
Capucines (les)......	2	4
Carmes Déchaussés (les).	11	43
Casernes (les)........	3	9
Casernes (les)........	5	19
Caserne (la)..........	6	11
Caserne (la)..........	8	32
Caserne (la)..........	12	47
Célestins (les)........	8	31
Cent-Filles (les)......	12	48
Chapelle de Beaujon (la)	1	2
Chapelle de la Conférence	1	2
Chapelle de l'Ecole Militaire (la)........	10	38
Chapelle de l'Hospice S. Philippe (la)......	1	3
Chapelle Mazarin (la).	10	40

Edifices.	A.	S.
Collège Mazarin ou de l'Unité (le)........	10	40
Collège National de France (le)........	12	45
Collège de Navarre (le).	12	45
Doctrine-Chrétienne (la)	12	43
Ecoles Chrétiennes (les)	11	43
Ecole de Droit (l')....	12	45
Ecole de Médecine.....	11	41
Ecole Militaire (l')....	10	38
Enfant Jésus (l').....	11	42
Enfants-Trouvés (les).	9	34
Evêché (l')...........	9	36
Feuillants (les).......	1	1
Filles de la Croix (les).	8	30
Filles St.-Gervais (les).	8	29
Filles S.-Thomas......	2	6
Foire S.-Germain (la).	11	43
Invalides (les).......	10	38

(1) FONTAINES : d-Alexandre, r. S.-Victor.
— d'Amour, Butte-des-Moulins...........
— des Andriettes, vieille rue de ce nom.......
— de Birague, rue St.-Antoine...........
— de la Charité, rue Taranne...........
— de la Croix-du-Traboir, au coin des rues St.-Honoré et de l'Arbre-Sec...........
— Desaix...........
— dite du Diable, rue de l'Echelle-St.-Honoré..
— de l'Ecole de Médecine, ci-devant des Cordeliere..........

Edifices.	A.	S.
— Egalité, attenante au Château d'eau, vis-à-vis le Palais du Tribunat..........		
— Garancière, rue de ce nom.............		
— de Grenelle, rue de ce nom.		
— des Innocents : au milieu du marché de ce nom..		
Frères da la Charité (les)	10	40
Garde-Meuble (le), au coin de la place de la Concorde...........	1	2
Gardes Nationales (des).	10	38
Gobelins (les)........	12	18
Halle-aux-Blé (2)......	4	43
Halle aux Toiles (la)..	4	14
Hôpital général (l')...	12	47
Hôpital Militaire (l')..	10	38
Hôpital du Nord (l')..	5	20
Hospices..............	12	48
Hospices	12	47
Hôtel Bretonvilliers (l').	9	35
Hôtel-Dieu (l').......	9	36
Hôtel des Invalides (l').	10	38
Hôtel du ministre des finances............	1	6
Hôtel des Monnaies....	10	40
Hôtel de la Force (maison d'arrêt)........	8	29
Hôtel Longueville.....	1	1
Hôtel Soubise........	7	27
Hôtel Toulouse (l')...	2	5
Hôtel des voitures, occupé par la garde consulaire.	10	39
Incurables (les)......	11	42
Jacobins (les)........	10	39

(1) Voyez leur historique, page 124.
(2) Le dôme de ce bel édifice, a été incendié le 24 Vendémiaire an 11.

(1) Voyez, pour l'Historique des Ponts, la page 115.

(1) Voyez, pour leur description, page 211.

ENCLOS.

	A.	S.		A.	S.
Abbaye de Saint-Germain (de l')	10	49	Païen	12	47
Enfans de la Trinité (des)	6	22	Saint-Jean-de-Latran	10	45
Enfans-Rouges (des)	7	27	Santé (de la)	22	48
			Temple (du)	6	28

FAUBOURGS.

	A.	S.		A.	S.
Conférence (de la)	1	2	Denis (saint)	5	19
Gros-Caillou (du)	10	40	Honoré (saint)	1	4
Montmartre	2	8	Germain (saint)	10	40
Nord (du)	5	19	Lazare (saint)	5	20
Poissonnière	3	9	Laurent (saint)	5	20
Piepus (de)	9	34	Jacques (saint)	12	45
Roule (du)	1	1	Victor (saint)	12	46
Antoine (saint)	9	33	Temple (du)	5	20

HOSPICES NATIONAUX (I).

	A.	S.		A.	S.
Abbaye S. Antoine (l')	8	34	Orpheline (des)	1	3
Baujon (de)	1	2	Petites-Maisons (des)	11	41
Bicêtre			Pitié (de la)	11	46
Catherine (ste.)	6	24	Quinze-Vingt (des)	8	32
Charité (la)	10	39	Roquette (de la)	8	33
Enfant Jésus (l')	10	42	Roule (du)	1	3
Enfants Trouvés	9	36	Salpétrière (de la)		
Enfants Trouvés	8	34	Scipion (de)	12	48
Gros-Caillou (du)	10	33	Sud (du)	12	47
Hôtel-Dieu (l')	9	36	Sulpice (saint)	11	43
Hôpital Général (l')	12	48	Trinité (de la)	8	34
Incurables (des)	10	42	Teigneux (des)	10	42
Maternité (de la)	11	41	Veillards (des)	5	20
Militaire	10	38	Vaccination (de la)	9	30
Mont-Rouge (de)			Vénériens (des)	22	47
Nord (du) ou S. Louis	5	0			

(1) Voyez pour la description, page 146.

JARDINS PUBLICS.

	A.	S.		A.	S.
Apothicaires (des) (1).	12	47	National des (5) Plantes , ci-devant Jardin du Roi	12	46
Arsenal (de l') (2)	8	31	Temple (du) (6)	4	16
Sénat Conservateur (du) , ci - dev. Luxembourg. (3)	12	48	Tuileries (des) (7)...	1	1
Palais Tribunat (du) (4).	2	2			

MAISONS D'ARRÊTS.

	A.	S.		A	S.
Abbaye (l')	10	40	Hôtel de la Force (l') ...	8	29
Bicêtre...............			Lazare (saint)........	3	9
Vincennes............			Madelonnettes (les)....	6	23
Châtelet (le) (démoli dans l'an dix)	4	15	Pélagie (sainte),......	12	46
Conciergerie (la)......	10	37	Plessis (le)	12	45
Hôpital - Géneral de la Salpêtrière.........			Temple (le)	6	28

MARCHÉS.

	A.	S.		A.	S.
Apport (de l') Paris...	4	15	Martin (saint)	6	23
aux cuirs	5	17	Palu.................	9	36
aux draps...........	4	13	Place Maubert (de la)..	12	45
aux légumes..........	4	16	Quinze-Vingts (des)...	1	1
Moulainvilliers	10	39	Antoine (saint)	9	34
d'Aguesseau	1	4	Jacques (saint)........	11	43
Infants-Rouges (des).	7	27	Catherine (sainte)....	7	28
Innocents (des)	4	16			

(1) Voyez Ecole de pharmacie................... page 100
(2) Voyez pour la description 187
(3) Voyez pour la description......................... 183
(4) Voyez pour la description 183
(5) Voyez pour la description......................... 178
(6) Voyez pour la description......................... 187
(7) Voyez pour la description......................... 187

PASSAGES.

	A.	S.		A.	S.
Batave	6	24	Grosse-Tête (de la)	5	1
Beaufort	6	24	Honoré (saint)	2	.
Beaujolais	2	5	Invalides (des)	10	38
Bernardins (des)	12	45	Jacobins (des)	11	4
Bois (dit) de Boulogne.	5	19	Jacques (S.) du Haut-		
Caire (du)	5	18	Pas	12	45
Carmélites (des)	11	44	Jardin (du) des Plantes.	12	4
Charniers (des)	4	16	Longueville	1	2
Cloître St. Jacques de			Molière	6	24
l'Hôpital (du)	5	17	Petites-Ecuries (des)	1	1
Colysée (du) d'été	5	20	Petits-Pères (des)	3	11
Commerce (du)	11	41	Pompe (de la) Perrier.	1	2
Désir (du)	5	19	Quatre Nations (des)	10	40
Didier	8	31	Quatre-Vents (des)	9	34
Dominique (St.)	10	39	Réunion (de la)	7	25
Egalité	3	12	Roch (saint)	2	5
Esprit (du) St	9	35	Saumon (du)	3	12
Faydeau	2	5	Saunier	3	12
Feuillants (des)	1	1	Séverin (saint)	11	44
Feuillantines (des)	12	45	Sourdis	4	15
Fèves (des)	9	36	Thomas (S.) du Louvre.	1	1
Foire St-Laurent (de la)	5	19	Trompette (de la)	3	12
Foy (de)	5	18	Val-de-Grâce (du)	11	43
Grand-Cerf (du)	6	23	Vignal (du)	3	11
Grille (de la)	2	8	Visitandines (des)	10	40

PLACES.

	A.	S.		A.	S.
Arcis (des)		26	Comédie (de la) Italienne		
Angoulême (d')	6	21	ou du théâtre Favart.	2	6
Bastille (de la)	8	31	Concorde (de la)	1	1
Beauveau (de)	1	3	Conty (de)	7	30
Baudoyer	8	30	Corps Législatif (du)	10	39
Cambrai	12	45	Droits de l'Homme (des)	8	30
Carrousel (du)	1	1	Ecole (de l') de Méde-		
Champ (du) d'Albiac.	12	45	cine	11	41
Champ (du) de Mars	10		Estrapade (de l')	12	45
Champ (du) des Capu-		38	Fidélité (de la)	5	19
cins	12		Fourcy (de)	12	45
Champs Elysées (des)	1	48	Germain (S.) l'Auxerrois	4	15
Chats (aux)	4	2	Indivisibilité (de l')	7	27
Chevalier (du) du Guet.	4	16	Invalides (des)	10	38

Places.	A.	S.	Places.	A.	S.
Liberté (de la) ci-dev. la Bastille........	8	31	Quatre-Nations (des) ou de l'Unité..........	10	40
Madeleine (de la)......	1	4	Jacques (Saint) la Bou-cherie............	6	24
Maison Commune (de la)	8	30	Sorbonne............	11	41
Mon fils (de)........	8	45	St.-Sulpice..........	11	41
Maubert	12	45	Temple (du)	6	24
Michel (saint)........	11	41	Thionville , ci-devant Dauphine	10	40
Muséum (du) ou du Louvre............	4	15	Trois-Maris (des)......	4	15
Notre-Dame , ou Parvis.	9	36	Tuileries (des)........	1	1
Odéon (de l')........	11	41	Ursins (des)..........	9	36
Ouest (de l') ou Croix-Rouge	11	41	Veaux (aux) Ancienne.	8	30
Palais (du) de Justice..	9	36	Veaux (aux) Nouvelle.	12	46
Palais (du) du Tribunat.	2	5	Vendôme............	2	5
Panthéon (du)........	12	45	Victoires (des)........	3	11
Patriarches (des)......	12	17	Vincennes , ci-devant du Trône..........	9	34
Pont-Neuf (du)......	10	37	Vosges (des) ci-devant royale............	8	31
Pont (du) St.-Michel..	11	41			
Porte (de la) St.-Antoine.	8	31			
Quai (du) de l'Ecole..	4	15			

QUAIS.

	A.	S.		A.	S.
Alençon (d')........	9	36	Liberté (de la)........	9	35
Arsenal (de l')........	8	31	Mail (du)............	9	35
Augustins (des)........	11	41	Malaquais............	10	40
Bernard (saint)........	12	46	Mégisserie (de la)......	4	15
Bons-Hommes (des)...	1	1	Miramiones (des).....	12	45
Bonaparte............	10	40	Muséum (du) ou du vieux Louvre........	4	15
Célestins (des)........	9	31	Orfévres (des)........	10	37
Conférence (de la).....	1	1	Ormes (des)............	8	31
Conti................	10	40	Orsai (d')............	10	40
Desaix................	10	40	Paul (saint)........	8	31
Egalité (de l')........	9	36	Pelletier	7	26
Ecole (de l')........	4	15	Pelleterie (de la)......	9	36
Galeries du Louvre (des)	4	15	Quatre-Nations (des)...	10	40
Gêvres (de)............	7	26	Rapée (de la)........	9	35
Grands degrés (des)....	12	45	République (de la)....	9	35
Grenouillère (de la)...	10	38	Théatins (des)........	10	40
Horloge du Palais (de l')	10	41	Tuileries (des)........	1	1
Infante (de l')........	4	15	Union (de l')	9	35
Jardin (du) des Plantes.	12	46			

RUES.

Rues.	A.	S.	Rues.	A.	S.
Abbatiale	11	41	Astorgue (d')	1	4
Abreuvoir (de l')	9	34	Aubri-le-Boucher	8	30
Agnesseau (d')	1	4	Audriettes (des)	30	9
Aiguillerie (de l')	4	15	Aumaire	6	23
Air (de l')	8	32	Avenue de Saint-Mandé (de l')	8	32
Aligre (d')	9	34	Aveugles (des)	11	43
Amandiers (des)	8	32	Avignon (d')	6	24
Amandiers (des)	12	45	Avoie (sainte)	7	25
Amboise (d')	2	6	Babile	4	13
Ambroise (d')	12	45	Babylone	11	42
Amelot	9	33	Bacq (du)	10	42
Anasthase (St.)	8	28	Bagneux (de)	10	42
André-des-Arcs (St.)	11	41	Baillet	4	14
André (saint)	8	32	Bailleul	4	15
Anne auj. Helvétius (St.)	2	5	Baillif	2	5
Anne (sainte)	8	32	Bains (des)	1	2
Anne (sainte)	11	44	Ballets (des)	7	27
Angée (des saints)	5	28	Baniauterie	5	28
Angivillers	4	14	Banquier (du)	12	48
Anglaises (des)	9	34	Barbe (sainte)	5	18
Anglaises (des)	12	47	Barbette	8	28
Angoulême (d')	1	2	Bar-du-Bec	9	32
Angoulême (d')	6	21	Bar Scipion (de la)	12	48
Anjou (d')	1	3	Barres (des)	8	31
Anjou (d')	7	27	Barrières (des)	5	20
Anjou (d')	10	37	Barrières (des)	12	48
Antin (d')	2	6	Barillerie (dela)	10	37
Antoine (saint)	7	28	Baroullière	11	42
Appentière	12	44	Barthélemy (saint)	9	36
Apoline (sainte)	6	22	Basfroid	8	32
Arras (d')	11	43	Basse-St.-Pierre	1	2
Arbalête (de l')	12	47	Basse Porte St. Denis	3	9
Arbre-Sec (de l')	4	14	Basse-du-Rampart	1	4
Arcade (de l')	1	4	Basse rue de Chaillot	2	1
Arche-Marion (de l')	4	15	Basse-Ville	5	18
Arche-Pepin (de l')	4	15	Basse-Ville	10	37
Arcis (des)	4	16	Batailles (des)	1	3
Arcis (des)	7	25	Battoir (du)	11	43
Argenteuil (d')	2	8	Baune (de)	10	40
Arsenal (de l')	9	3			

Rues.	A.	S.
Baudin	2	7
Baujolais (des)	1	4
Baujolais (de)	7	27
Beaubourg	7	25
Bauce (de)	7	27
Bauregard	5	18
Beaurepaire	5	17
Beautreillis	9	31
Beauvais (de)	4	14
Beauveau (de)	9	34
Bellechasse	10	40
Belletosd	2	8
Benoît (saint)	10	40
Bercy (de)	7	27
Bergère	2	8
Bernard (saint)	9	33
Bernardins (des)	12	46
Bertin-Poirée	4	15
Berry (de)	7	27
Bétisy (de)	4	14
Beurrière (de la)	11	43
Bibliothèque (de la)	2	6
Bienfaisance (de la)	1	3
Bièvre (de)	12	45
Bigaut	11	42
Billets (des)	7	29
Biron (de)	12	47
Blanche	6	21
Blancs-Manteaux	7	28
Blene	2	8
Boileau	11	41
Bon (saint)	7	26
Bonaparte	11	41
Bon-Conseil	5	17
Bonne-Morue ou Champs-Elysées	1	1
Bondy (de)	5	20
Bonneau	11	42
Bonne-Nouvelle	5	18
Bonpuits (du)	12	46
Bons-Enfans (des)	2	5
Bordet	12	45
Boucher	4	16
Boucherat	6	21

Rues.	A.	S.
Boucherie (de la)	11	44
Boucheries (des) f. b. (St.) Germain	11	43
Bouch.-S.-Honoré (des)	2	5
Boucheries (des) Invalides	10	38
Boudereau	1	4
Boulangers (des)	12	46
Boulets (des)	8	32
Bouloy (du)	4	13
Bourbe (de la)	12	47
Bourbon-le-Château	10	40
Bourdonnais (des)	4	14
Bourgogne	7	27
Bourgogne (de)	10	39
Bourg-l'Abbé	6	22
Bourguignons (des)	12	47
Bourtibourg	7	29
Bout-du-Monde	3	10
Boutebrie	11	44
Braque (de)	7	27
Brave (du)	11	43
Bretagne (de)	7	27
Bretonnerie (de la)	12	46
Bretonvilliers	9	35
Briche-Miche	7	26
Brodeurs (des)	11	42
Brunette	1	2
Bucherie (de la)	12	45
Buffault	2	8
Buffon (de)	12	46
Buisson-Louis	5	20
Bussi (de)	10	40
Buttes (des)	8	32
Cadet	2	8
Cadet (ou de la Voirie)	2	8
Cagnard	11	44
Caire (du)	5	18
Champ de l'Alouette	12	48
Chantereine ou de la Victoire	2	8
Chantier ou du Censier	3	9
Calandre (de la)	9	36
Calonne	3	9

OUVRAGES

QUI VIENNENT DE PARAITRE.

L'ALPHABET ET L'ARITHMÉTIQUE MIS EN JEU. Ces deux ouvrages forment cinq jeux de cartes, renfermés chacun dans leur étui, sur lesquels on a imprimé l'alphabet et l'arithmétique, de manière à ce que l'enfant puisse apprendre à lire et à compter en s'amusant. Chaque jeu se vend séparément 75 centimes en noir, et un franc 50 cent. enluminé ; et le cinquième jeu, qui contient toutes les lettres, combinées de manière à ce que l'enfant puisse former lui-même toutes sortes de petites phrases, 1 fr. en noir, et 2 fr. enluminé.

CHOIX de remarques sur la langue française, par Philipon de la Madelaine, ouvrage extrait des meilleurs Auteurs qui ont écrit dans ce genre. 1 vol. in-12, 1 fr. 50 c.

L'ESPRIT, par M. DE LA BEAUMELLE, ouvrage posthume, avec cette épigraphe.
...... *Satis est potuisse videri.* Virg.
1 vol. in-12, 2 fr. 50 c.

Dans cet ouvrage, traité avec tout l'esprit possible, La Beaumelle définit L'ESPRIT, et en indique toutes les nuances ; le style spirituel qui règne depuis le commencement de l'ouvrage, jusqu'à la fin, prouve que l'Auteur possédait lui-même au plus haut degré le sujet sur lequel il a écrit.

L'ENCYCLOPÉDIE MORALE, ou l'Economie de la vie civile, traduit de l'Anglais, par Me. de Rivarol, 1 vol. in-12, 2 fr.

L'Esprit des autres, ou Manuel de Société, Recueil choisi de toutes les Charades, Énigmes et Logogriphes qui ont paru dans l'année: avec le mot explicatif de chacun, à la fin de l'ouvrage, 1 vol. in-18, orné d'une gravure, et suivi des Jeux les plus usités en compagnie. Prix: 1 fr. 50 c.

Guide de l'Étranger au Palais du Tribunat, contenant la description de ce Palais, les noms et les adresses des Marchands, Artistes, etc. qui l'habitent ; quelque chose sur ses Cafés, Spectacles et autres endroits Publics qui peuvent piquer la curiosité des Étrangers. Seconde édition, 1 vol. in-18, orné d'une gravure, 1 fr. 50 c.

Nouveau Secrétaire de poche, ou Tablettes portatives pour chaque jour de l'année.

Cet Ouvrage utile à toutes les personnes qui veulent recueillir des notes, contient en outre les deux Calendriers comparés, la Liste des adresses de toutes les Autorités constituées, celle des Notaires, Banquiers, Agens de Change, etc. etc., ainsi que le Tableau comparatif des francs et livres tournois, celui des poids et mesures, la table de Pytagore, un Tableau de pertes et gain, une Table d'intérêt à 5 pour cent, etc.

Il joint à tous ces avantages celui d'être garni d'un portefeuille et d'un crayon.

On trouve aussi chez le même Libraire, tous les Almanachs qui ont paru dans l'année.

Frontispice.
Vue du Palais des Tuileries, côté du Jardin

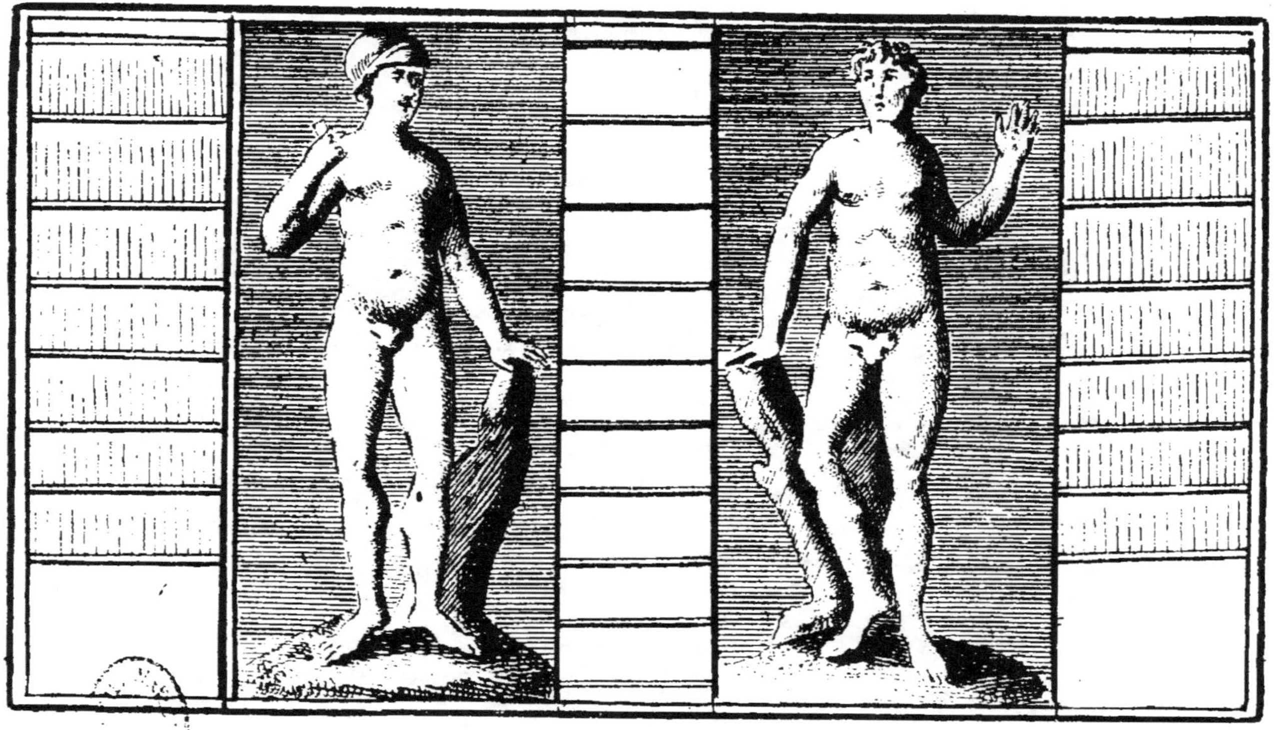

Affranchi.
Homme des Champs.

Vue du Palais des Tuileries côté du Carrousel.

Apolline.

Berger jouant de la Flute.

Minerve.

1   *Sénateur.*

2   *Un Lion.*

3   Le joueur de Flûte.
4   Une Hamadryade.

5 *Flore*

6 *Chasseur en repos.*

7

8 *Nymphes de Diane*

9
1 Vase .

10

11   *Gladiateurs.*

13   *Le Rémauleur*

12 Vénus accroupie

Phaétuse.

Atlas.

14.   l'Enlévement de Cybele.

16 Enlévement d'Orythie.

15   *Arrie et Pœtus.*

17   La Pieté Filiale.

César.

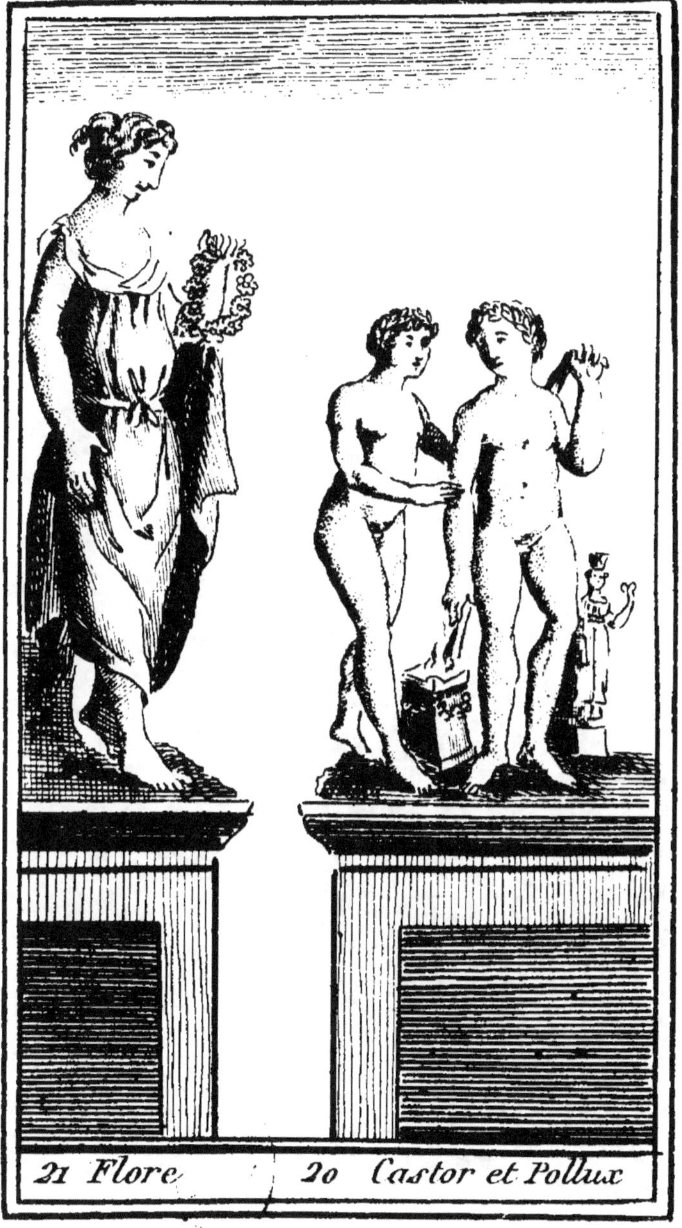

21 *Flore*   2o *Castor et Pollux*

Page 70.
22
Atalante et Hippomene

25   Apollon et Daphné.

18

Diane
a la Chasse

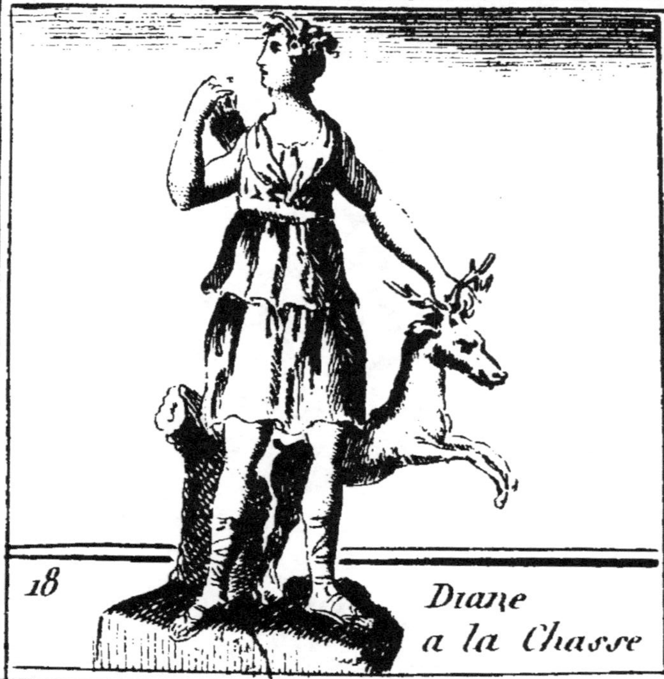

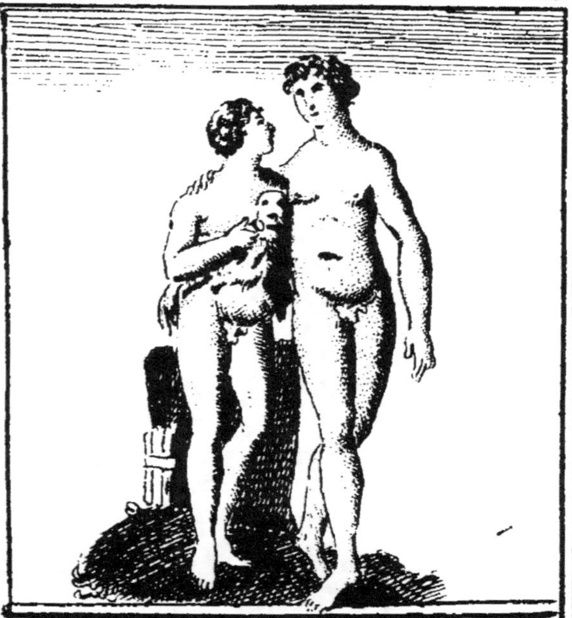

19 Bacchus et Hercule.

24.   *Le Centaure Chiron.*

27
Les Lutteurs

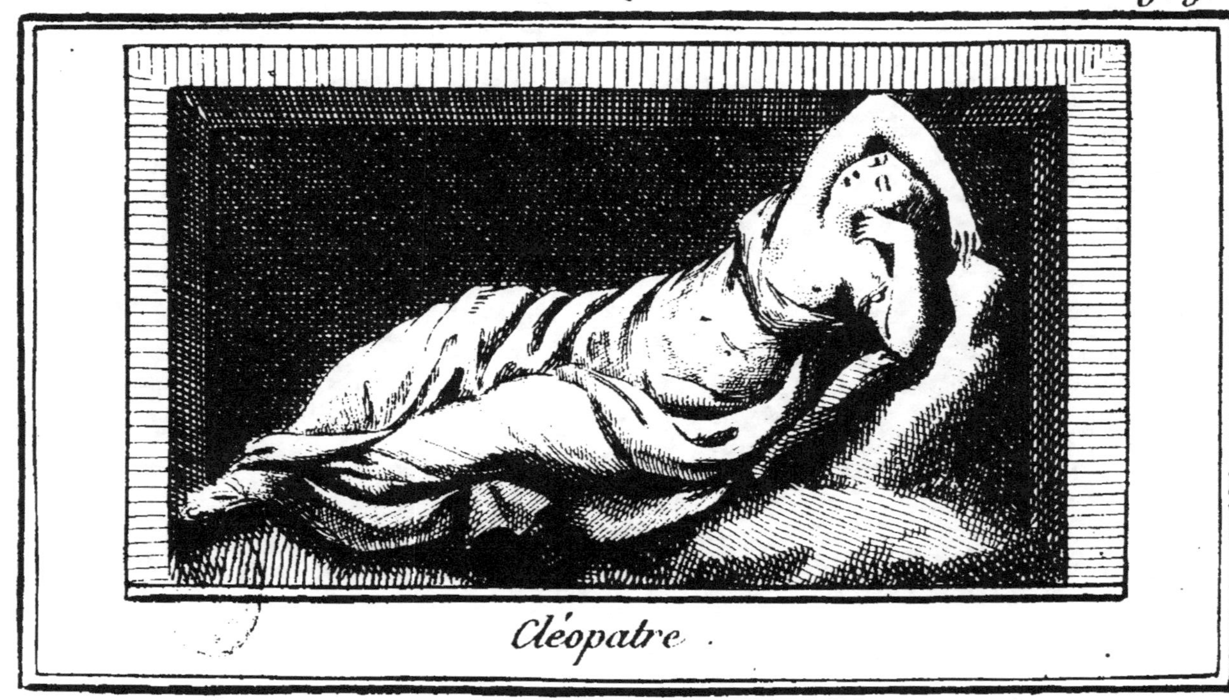

Cléopatre.

29 Siléne et Bacchus. 30 Agrippine.

32 Vertumne.
Flore ou
31 le Printemps.

34 Annibal. | 33 Scipion.

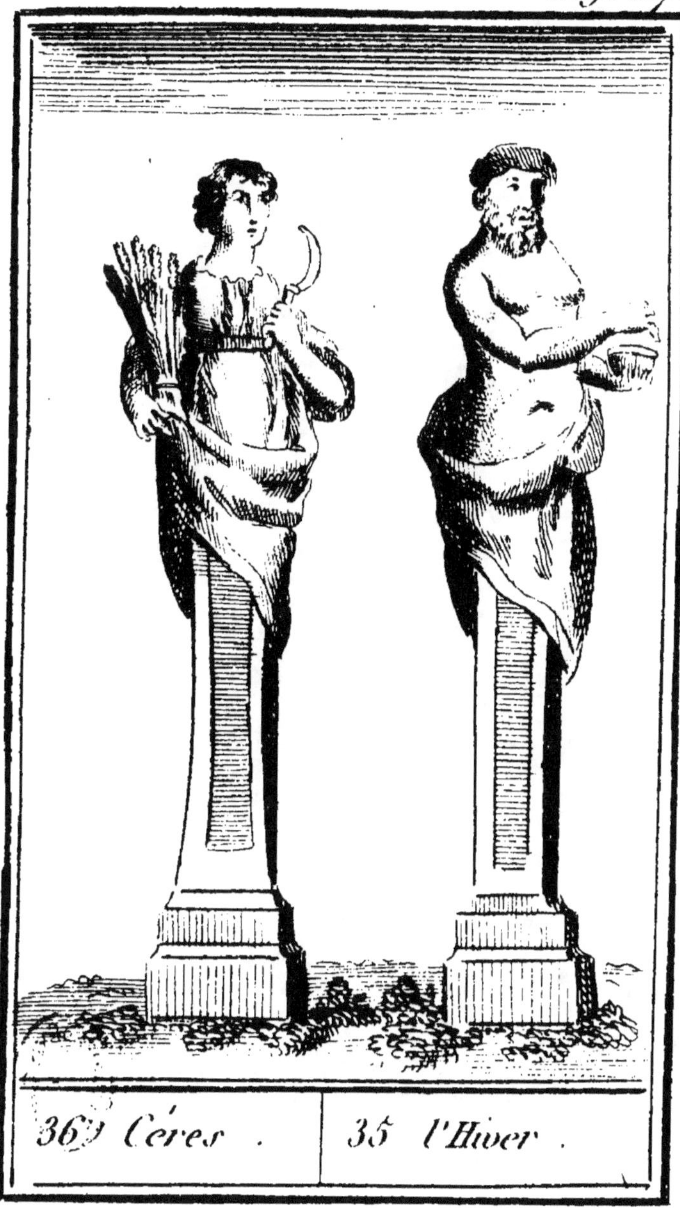
369 Cérés .
35 l'Hiver .

37   Vestale .
38   Bacchus .

Desse Patellaire

59 Méléagre.   48 Papirius et
sa Mere.

46 Hercule.
47 une S.te Romaine.

Calliope
Erato.

Clio.

Euterpe.

Polymnie.

Mnémosyne .
Melpomene .

Terpsichore.

Thalie.

Uranie.

42 Le Tibre .

41 Le Rhone et la Saone .

40 Le Rhin et la Moselle.

39 Le Nil.

Un Chasseur   Vénus Callipyge.

44 Mercure.

43 *La Renommée*.

45 *Chevaux.*

45 *Bis*   (Chevaux).

5o Vénus pudique
51 Apollon pythien

52. Laocoon.

53 Diane Chasseresse | 54 Commode

Le Sanglier.